心外无物 随遇而安

林清玄 著

綫装書局

图书在版编目（CIP）数据

心外无物　随遇而安 / 林清玄著. — 北京: 线装书局，2015.2
ISBN 978-7-5120-1700-9

Ⅰ. ①心… Ⅱ. ①林… Ⅲ. ①散文集—中国—当代 Ⅳ. ①I267

中国版本图书馆CIP数据核字(2015)第002713号

心外无物　随遇而安

著　　者: 林清玄
责任编辑: 杜　语　孙嘉镇
排版设计: 王　玥
出版发行: 线装书局
地　址: 北京市西城区鼓楼西大街41号(100009)
电　话: 010-64045283　64041012
网　址: www.xzhbc.com
经　　销: 新华书店
印　　制: 北京上元柏昌印刷有限公司
开　　本: 620mm×889mm　1/16
印　　张: 12
字　　数: 124千字
版　　次: 2015年2月北京第1版　2015年2月第1次印刷
印　　数: 10000册

定　　价: 29.80元

【目录】

代序

多情多风波

现在就来拥抱我

我喜欢禅尼慧春的故事。

慧春是少数在日本禅宗史上留名的女性，她天生丽质，凡是见过她的人几乎都会爱上她。慧春深知外表的美丽非实，想要追求究竟的实相，因此少女时代就剃度出家了。

虽然慧春剃了头发，穿上朴素的法衣，但她依然风姿绰约。她和二十个和尚一起在一位禅师的座下习禅。

由于她太美了，使得二十个和尚的禅定显得更为艰难，有几个和尚甚至暗恋着她。有一天，其中的一个和尚写了一封情书给慧春，想要和她私下约会。慧春收到信后，不动声色。

第二天，当师父上堂对大众说法之后，慧春突然站起来，对着写信给她的和尚说："如果你真的那样爱我，现在就来拥抱我呀！"

从那一天开始，慧春的师兄们受到她的"一喝"，全部收心，对慧春更为尊敬。

我喜欢慧春的故事，是因为她充满了智慧。一个人的智慧，即使是美貌也不能遮蔽。一旦有了真正的智慧之光，爱欲也会化为清净的敬意了。

长得太美了

传说比慧春更美的，是禅尼了然[①]。

了然生于公元一七九七年，是著名武士信原的孙女，自幼就因诗才与美貌而闻名。她十七岁的时候被选为皇后的贴身宫女，听说凡是见过她的男性，无不为她的美貌而震惊。

不久之后，皇后病故了。了然深深体会到人世的无常，她想出家去学禅。但是在那个封建的年代，女性是无法自主的，她的家人不但不同意她出家，还强迫她与人结婚。

由于了然的性格刚烈，家人为了安抚她，给她开出一个条件：等她生下三个孩子之后，就可以立刻出家为尼。了然的丈夫也同意了。

① 了然：另有一说了然生于一六四六年，是武士武田信玄的曾孙的女儿，生有两男三女，享年六十六岁。

了然在二十五岁时，终于生下了第三个孩子，她决心立刻出家，丈夫与家人再也没有理由留她了。

她自己削发为尼，取名“了然”，就是“早已明悟”的意思，然后开始踏上修行的道路。

她前往江户[①]，请求铁牛禅师收她为徒。铁牛禅师一见到她就立刻回绝了，理由是她长得太美了。

了然转而去拜访白翁禅师，白翁禅师不但以同样的理由回绝了她，还说她的美貌只会为寺庙带来麻烦。

了然用一块烧红的熟铁烧灼自己的脸孔，顷刻之间，倾城的美貌化成一道青烟消散于空中，一去永不复返。

白翁禅师为之震慑，就收她为徒。

---

① 江户：日本首都东京的旧称。

为了记录这一次毁容，了然在一面小镜后写了一首诗：

昔游宫里烧兰麝，
今入禅林燎面皮。
四序流行亦如此，
不知谁是个中移！

抓月把风，痴人的梦

十几年前，我读到慧春与了然禅尼的故事，心中为之感动，心想：修道者应如是！也深觉慧春与了然是了不起的女性，现代的新女性主义者看到她们的传记，也都会引为典范吧！

但是，近些年来，我觉得“美貌”与“觉悟”并不是截然对立的，也不是冲突的，因为牵动我们的欲念的，并不是事物的美貌，也不是人的美貌，而是我们的心。

一切的风波，不是来自“绝美”，而是源于“多情”。

慧春与了然的美丽是无罪的，她们的罪过在于引起师兄心里的动乱，触动师父内心的不安，而这动乱与不安来自师兄的“多情”与师父的“多虑”。

人间的是非源于多情，而非起于美丽，因此，慧春说：“现在就来拥抱我呀！”意思是如果能有公开坦荡的心，美丽又有什么过错呢?

了然以熟铁烙印自己的脸孔，其实是在烙充满情欲的人心啊!

慧春与了然被后世的禅人认为是开悟者，我们来看看她们最后的纪事。了然在即将离世时，写了如下的一首诗偈：

六十六年秋已久，
漂然月色向人明。
莫言那里工夫事，
耳熟松衫风外声。

好一个“月色向人明，松衫风外声”。月的温柔使人心潮漾漾，风的吹动使人情波流动，对于月与风，又有什么挂碍呢?因为月的美丽而想抓月，由于风的自由而想把风，不正是痴人吗?

慧春比了然更绝，在她六十岁要辞世的时候，吩咐僧人在寺院的庭中集一堆木柴。

木柴集好之后，她安详地坐在这堆木柴当中，令人从四面点火燃烧。

一个和尚因痛心而大叫：“尼师啊！那里面不热吗？”

慧春答道：“只有像你那样愚笨的人才会关心这样的事情。”

这是真正的“坐化”。慧春化成一缕青烟，飘向无限自由的晴空。

美丽的慧春，留下了春日里飞扬的风，一样美丽的句点。

美丽的了然，留下了秋月时温柔的光，一样美丽的句点。

她们不是无情，而是把人间的情欲提到一个新的高度。

可以关怀世事

凡是投生于人间，不论美丑，都会有情爱的困境，并生起种种风波。

平凡人、修行人、悟道者也都有种种风波。平凡人在业海里随风逐浪；修行人与情欲的风波搏斗；悟道者则是站在爱河上观照风的凉度、欣赏波浪的形状，在风波里微笑。

有人来问我，修行的人该不该关怀世事呢？

我说，修行的人可以关怀世事，也可以不关怀世事。

关怀世事是“入”，不关怀世事是“出”，修行者是出入自在的。他关怀世事，是要使公道在人间，如果人间有公道，看到美与情欲的真相，了然尼师也就不用燎面皮了；他不关怀世事，是看清了世人隐晦阴暗的本质，要自期于光明，假若人间能有“人道向光明”的高度，隐晦与阴暗将受到棒喝，慧春尼师也就不用大声说：“现在就来拥抱我呀！”

修行者入世，要心热如火，有英雄的无畏。

修行者出世，要眼冷似灰，有赤子的无染。

菩萨清凉月，
常游毕竟空。
智慧香洁兰，
飞扬千万里。

有时候我站在观音菩萨像之前，仿佛看见慧春与了然美丽的微笑，那微笑庄严、清净、无染，像是对出世和入世的开示，飞越时空，常存世间。

“美丽”或者“多情”，何处是此岸？何处又是彼岸呢？

打破两岸的界限

我认识一个朋友，被检查出罹患了胃癌，只剩下三个月到六个月的寿命。

朋友是公家机关的高级主管，事业蒸蒸日上，家庭幸福美满，突然知道自己得了癌症，一时万念俱灰，决定不告诉家人，独自承担生病的痛苦，并利用仅剩的时间安排后事。

“说来非常奇怪，从检查出癌症的那一天开始，平常兢兢业业耗尽心力经营的事业，变得一点都不重要了。而平常被疏忽的亲人朋友，突然变得非常重要，几乎一天也舍不得和他们分开。思考的空间也突然从现实的世界跳出，会想到死亡，想到死后的世界，想到如何迎接死的来临。”朋友说。

朋友饱受了心灵与肉体的折磨，一个半月之后，在另一家医院进行了精确的检查，发现之前根本是误诊，他的胃一点毛病也没有。

“真奇怪，从医生告诉我得了胃癌的那一天开始，我的胃每天都疼痛不堪，要吃很多药来止疼；确定是误诊以后，胃痛就霍然痊愈了。”朋友说。

可见心灵的力量是非常巨大的。

知道误诊之后，他把一个半月的身心煎熬告诉妻子，妻子说：“怪不得这一个半月你对我特别体贴，从来没生过气，原来是这样呀！”他把事情经过告诉朋友，朋友都义愤填膺，问他是哪一家医院、哪一个医生，都说应该控告，请求赔偿。他说：“事实上，我很感激那个医生，他完全打开了我的心眼，使我想到了从前没有想过的问题；他使我像死过了一回，对许多事都不再介意执着了。”

但是，最使他震动的是他读国中的女儿。当他把误诊的经过告诉女儿，女儿问他说：“爸爸，你不会只活三个月，那么，你究竟还可以活多久呢？”

朋友当场怔住了。人终有必死之日，癌症病人知道还有几个月可活，身心健康的人又能确知人生的岁月还有多久呢？

女儿又追问他："爸爸，如果你不知道可以活多久，你也没什么改变，那和被误诊前又有什么不同呢？"

朋友受到女儿的启发，生活的态度完全改变了。他说："用心地努力工作，这是此岸；更用心地疼惜亲人，这是彼岸。处理紧急的事情，这是此岸；着力于重要的事情，这是彼岸。经营入世的事业，这是此岸；经营生死的解脱，这是彼岸……那个医生是我的老师，把我从此岸带到彼岸；我的女儿也是我的老师，帮我打破了两岸的界限。"

我开玩笑地说："这就好像打通了任、督二脉啊！"

朋友说:"不是,这是'两岸猿声啼不住,轻舟已过万重山'！身心都感到泰然轻安了。"

与朋友道别后，在返家的路上，我想到平常我们确实很少思考生死的问题，而且我们花了太多的时间在无谓的事情上。生命是如此短暂，我们又有多少的思考是关于这有限的生命呢？

慧春坐在烈焰中的勇猛，了然生下三个孩子立刻起程的决心，是不是正是对生命短促的启示呢？

这情欲的生命，风波不止，何处才是安稳的家乡？

我每每站在高楼，俯望台北的繁华灯火，每一盏灯火仿佛都是为了情欲点燃，每一盏灯火又仿佛点燃了光明的希望。

多情多风波，多情也多烦恼;但多情也多姿彩，多情更多温暖。

此岸与彼岸。桶中有水，水中有月。一旦桶底脱落了，桶中无水，水中无月。凡打破此岸和彼岸界限的就能自在了。

回到家，我把灯开亮，看见黑暗与光明是同一个空间，点了灯就大有不同。黑暗的心与光明的心又有什么不同？只是心里点了灯罢了。对于心中点灯的人，黑暗也无法拘束他，何况是情感的风波呢？

多情不只生出风波

这些年来，我写了不少关怀现实的文章，其中有一部分谈到政治。并不是我对政治有什么特别的兴趣，而是因为政治对社会各层面的影响无所不在。政治一旦遭到污染，假以时日，就会蔓延遍及社会各个角落，逐渐造成整体的道德滑落。

近数十年，台湾社会道德品质低下，实肇因于政治人的贪渎，致使良知沦丧、公义破败、人心不平。所以，要使台湾成为希望之土、清净之地，不关心政治是不行的。

如果以“解救众生”的观点来看，个人的修行虽然重要，也不能自外于环境而独存。环境如果不清明，个人的清净就成为泡影；社会如果不公义，众生平等的理想就不能实现；若人人不能享有免于匮乏、免于恐惧的自由，则“解救众生”就变成妄念了。

我因为出身于台湾南部的农人世家，对农民有格外深厚的感情，也由于我是从最底层出发的，更能深刻感受台湾百姓的苦难以及台湾生命力的所在。我对这个社会，套用一个朋友的话：实在太多情了。

多情则不免起风波，我时有看到现实的不平、现象的荒诞、现状的怪异。例如窃占公共土地的高尔夫球场，台湾当局竟罔顾民意，要就地合法，这是现实的不平。例如公共建设大火连连，死伤无数，台湾当局竟无视其违建违规，甚至无人愿负政治责任，这是现象的荒诞。例如台北的捷运系统[①]，花费人民的血汗钱数以兆亿，通车却遥遥无期，而台湾当局竟毫无歉意，这是现状的怪异。

有时候我路过台北火车站，想到我一九七一年来到台北生活，至今近廿五年，台北火车站前的忠孝西路，几乎没有一天是清清爽爽的，每天都在施工，天天乱七八糟。如果廿五年的时间，一条马路都无通畅之日，台湾当局之大有为就可以想见了。有一次，我向一位台湾当局官员反映，他说："那是你去的时间不对，如果你半夜去，就很通畅了。"

① 捷运系统：全名为大众捷运系统，主要指台湾的城市轨道交通系统。

确实，有时有不能止于言者。

多情不仅生出风波，也能生起希望、大爱与圆满的追求，“预约人间净土”不只是虚空的美梦，也是现实里可以实现的理想。

林清玄

台北永吉路客寓

生活的回香

我们所经验过的美好事物，其实都被卷存典藏着，一旦打开了，就从记忆中遥不可知的角落飘回来。

生活的回香

朋友来接我到基隆演讲，由于演讲时间定在下午一点，我们都来不及吃饭。

“我们到极乐寺吃饭吧。寺庙的饭菜最好吃、最卫生，师父也最亲切。”朋友说。

我说：“这样不好意思吧。”

朋友说：“不会，不会，我在极乐寺做义工很多年了，与师父们很熟。只要寺里的师父有事叫我，我都义不容辞，偶尔去叨扰一顿斋饭，不要紧的。何况帮我们开车的师兄也是寺里的长期义工呢。”

于是，朋友用电话通知寺里的知客师：我们一共有三人，大约二十分钟后到极乐寺，请师父准备素斋一席。

等我们到了极乐寺，热腾腾七道菜的素菜已经准备好了。我们没什么客套，坐下就吃。

佛光山派下寺院的素菜好吃是远近驰名的，因为星云大师对素菜很内行，典座师父也是个个巧手慧心。但是今天有一道菜还是令我大感意外，就是师父炒了一大盘茴香。

茴香是我在南部家乡常吃的菜，在我们乡下称之为“客家人的芫荽”，因为客家人喜以茴香做菜。自从到台北，我就再也没吃过茴香了，如今见到茴香的样子，闻到茴香的气味，竟有说不出的感动。

一般人都知道茴香的籽可以做香料、做卤味，却很少人知道茴香的叶子做菜，是人间至极的美味。茴香是多年生草本植物，可以长到与人等高。它的叶片巨大，散开呈丝状，就仿佛是空中爆开的烟火。

茴香从根、茎、叶、花到籽都有浓烈的香气，食用的时候采其嫩叶，或炒，或做汤，或沾面粉油炸成饼，吃过都会令人永不能忘。

在寺庙吃饭，不事交谈，因此我独自细细品味茴香的滋味，好像回到了童年。每当母亲炒茴香的时候，茴香的香气就会从灶间飘过厅堂、飞过庭院、飞进我们写字的北边厢房。

童年的时光不再，茴香的气息也逐渐淡了，万万想不到在极乐寺偶然的午斋，还能吃到淡忘的童年之味。我曾经走入盛开着小黄花的茴香田里，对着那漫天飞舞的黄花绿叶，深深地呼吸，妄图把茴香的香气储存在胸臆。此刻，那储藏的香气整片被唤醒了。

生活不也是如此吗？我们所经验过的美好事物，其实都是永不失去的，只是被卷存典藏着，一旦打开了，就会在记忆中回香，从遥远不可知的角落飘回来。

我们生命里，早就种了许多“回香树”，等待因缘的摘取吧。

我们没什么客套，吃完对师父合十致谢，就走了。

知客师父送我们到前廊，合掌道别说：“以后有什么需要，尽管到寺里来。”

在奔赴演讲场地的路上，我的心里有被熨平的感觉，不只是寺里的茴香菜产生的作用，那样清澈的人与人之间的情谊更使我动容。

其实，处处都有“回香树”。

食存五观

有时会到寺庙用斋。

寺庙里用斋时那种沉静和合的气氛，常使我感受到吃一餐饭也是多么庄重的事。

庙里的斋堂通常会挂一块匾，上面写着“食存五观”：

一、计功多少，量彼来处。

二、忖己德行，全缺应供。

三、防心离过，贪等为宗。

四、正事良药，为疗形枯。

五、为成道业，应受此食。

吃饭时要常常想到，每吃一餐饭，众生所费的工夫甚多，从耕种、垦植、收获、舂磨、淘汰、炊煮，因此要珍惜每一粒米、每一寸菜。吃饭时应该这样观照。

再想想自己的德行，并没有全心全意地持戒、坐禅、诵经，这样满是缺陷的德行却受到众生的供养，心里应该感到惭愧。吃饭时应该这样观照。

另外，应该事先预防，使自己的心远离过失，过失就是贪、痴、嗔三毒，于上味食不起贪，于中味食不起痴，于下味食不起嗔。吃饭时应该这样观照。

再则，要想到吃饭是为了使自己免于形容枯槁，不是为了享受，应该把食物当成药一样，不要贪求。吃饭时应该这样观照。

最后，要知道不吃饭就会饥渴生病，为了成就修道的事业，应该好好地吃这一餐饭，多食致患，少食气衰，应该适量地饮食。吃饭时应该这样观照。

我很喜欢“食存五观”，这使我们知道即使每天都在进行的吃饭的小事，也都是很好的观照与修行的时机。

吃饭时有好的观照、好的心情，是每一餐饭都可能的。以智慧第一著称的文殊师利菩萨说：

若得美食，当愿众生，满足其愿，心无羡欲。

得不美食，当愿众生，莫不获得，诸三昧味。

得柔软食，当愿众生，大悲所熏，心意柔软。

得粗涩食，当愿众生，心无染着，绝世贪爱。

不管是美好的食物或不好的食物，柔软的食物或粗糙的食物，我不仅心里总是欢喜，并且常以众生为念，这使我们的吃饭也充满了深刻的意义。

最重要的神通

也许是这几年我有一点名气的关系，常常有一些修行很好的人来找我，也有几位号称是有神通变化的。

他们来找我，有的人是基于善意，希望我接受他们的指导，以便迈入更高的神通境界；有的人并不是那么友善，而是“想当然尔”地要来和我比试功夫。

我总是坦然以告，我真的什么“功夫”也没有，而且也并不想进入什么更深的境界。

他们免不了要失望而回了，有的临走之前还反问我：“那么你究竟是怎么修行的？名气怎么会这么大呢？”

我哑然而笑，原来这号称“神通”的人对“名气”还有所介怀呀。我说：“严格说起来，我有三样自己觉得很了不起的神通。”

“是什么？”他焦急地问。

我说：“从小到大，我每一餐饭都吃得下，每一个晚上都睡得着，每一次想要写文章，都写得出来。”

他听了，眉头一皱，摇摇头离开了，不知道是否不解其意，或是觉得这“神通”太卑微了。

由于童年时代开始，生活艰困，我总觉得只要有饭吃就很好了，能吃饱，那就更好了。因此，在我成长的过程中，我从不挑剔食物。有人把我奉为上宾，请我吃大餐，我会欢喜地承受；平常时候，一块饼、一碗粥、一个馒头，我也欢喜地承受。心情好的时候，固然欢喜地吃饭；心情不好的时候，用心地吃一顿饭，吃完饭后，心情也就好了。

每一餐饭都吃得下，其实不简单；每一个晚上都睡得着，更不简单。但只要平常不做亏心的事，宁可被人背弃，也不辜负别人；心里没有挂碍，既不挂怀昨日的忧伤，也不挂虑未来的遭遇；每天全心全意地生活，承担人生所必需的责任——到了晚上高枕无忧，自然会夜夜好眠了。

每天都能像涌泉地把文章写出来，也不是简单的事吧。那是把生命中的任何一件事都当成最有价值的事所带来的结果，如果深信“喝茶吃饭，挑水搬柴，无不是道”，则天下就无处不可写文章了。

从来没听过厨师烧不出菜来，也从未听过农人种不出作物，那是因为他们有高度的敬业精神。作为一个作家，假若有庄严的心，就能每天都写出作品呀。

这是我最主要的三个神通，“神明通达，无所挂碍，即是神通”。每餐吃得下，每晚睡得着，每天写得出文章，说给一般人听，小智的人笑倒在地，中智的人皱眉而去，唯有大智的人才能会心一笑。

每个人在生活中都有许多这样的神通，在生命的过处也到处都有着不可思议的奇迹。鸟会飞、花会开、蜜蜂会采蜜，每一棵树都充满美丽的姿态，每一条河都会永远向前流——请告诉我，什么不是神通和奇迹呢？

可叹的是，我们追求生命更高的境界已经形成根深蒂固的欲求，生命本质里的奥妙，在轻忽中，早就失去了。

蓝宝石镶钻

我们的心里若有蓝宝石镶钻，就会在任何时地都心心相印，看见大地宇宙的美好，看见人情因缘的难得，也看见生活、文学、宗教那互相流通映照的闸门。

偶尔到台湾的离岛或东部南部去，我总喜欢在夜里出门散步，这时可以品味到空气里的清新和香甜。如果抬起头来，就会看见天空真是宝蓝色的，繁星眨着夜的眼睛，映照着清朗的大地。

每次我看着那些夜空的景色，就会感慨台北人无福消受这美丽的情景。美丽的台湾夜空，正如蓝宝石镶钻，而且是无边无尽的。

最美的是有流星的时候。光芒骑着宝马在云空里穿行，有时会让我想起迷途中的、漂泊着的云雀。

我总希望在有流星的时候许愿。

但在流星出现之时，我又震慑于那惊人的美，忘失自己要许下的愿望。

也许，流星的出现就是要让人来不及许愿的。

未完成的许愿虽然会使我怅然，却也使我安慰，在那一刻完全融入的自我中，美已经来过，愿望已经许下了。

美感是早就有的，流星只是使它点燃；愿望也是早就有的，流星只是让它发亮。

看过夜空的流云与闪亮的流星，我总是一边散步一边思索，当我们抬起头来，看着无边天空的那一刻，我们是远离了烦恼、庸俗、苦痛的。

我们的仰望，使我们进入一种更深、更远、更广大的境界，那种境界无以形容，或者说是“空明”吧！是无牵无挂的那种明朗。思想是蓝宝石镶钻，浮动的意念则宛若流星，一切都是无碍的。

以空明之心看着天空的那一瞬间，已经看见了“空中妙有”的秘藏了。如如与空际，涅槃与法界，不都是明明白白、毫无隐藏的吗？

有着美好的心情，用空明觉察的眼睛，在星与月、天与云、流星与想象之间飞翔。漫步于郊野与草原之间，感受无牵无挂的自由，就觉得契入某种不可言传的境界了。

我们在生活中时常会遇到困境，在不能突破的时候，我们希望找到一些更永恒、更有力的事物来依赖。于是，我们或者寄情于文学、音乐、艺术，来洗涤尘劳；或者寄情于宗教，以求得解脱。

这种依赖的追求，常使众生觉得必须放下、舍弃、厌离俗世的生活、今生的际遇，才能进入更好的境界。因此，“生活”与“宗教”便产生了冲突矛盾，不同的宗教也就互相攻讦排斥。

其实，生活的心、文学的心、宗教的心是同样的一个心。

宗教的境界不一定比生活的境界高，因为在生活中有提升，也有堕落；在宗教里有觉悟，也有执迷。生活不一定都是执迷堕落的，宗教也不一定全是觉悟提升的。

一个向往高迈境界的人，既不排斥生活，也不依赖宗教，那是为了发现生活与宗教共同的本质，一有了分别与排斥，境界就消失了。

在心胸狭小的人看来，都看到它们不同的部分，在心胸开阔的人看来，则看到它们相同的地方。

这是多么高超的慧见，实相的见解乃不是得自外在的分别，而得自更深的自我发现。一个在平常生活中能自我提升的人，要进入宗教提升的境界，就像反掌折技那么容易呀！

如果我们的好境界、好心情都只留在蒲团上、庙堂中、大殿里，却在生活上、奔波中、困境里手足无措，宗教就不能真正有益于我们的生命了。

好的宗教信仰犹如蓝宝石镶钻，许多人把它挂在手指间或颈项上，那只是外在的美化，渴望别人看见罢了。唯有领略真实意的人，才知道蓝宝石镶钻无所不在，在夜晚的星空里，在黎明的草原上，在花朵的露珠上，在情人眼眸的光照里。

我们的心里若有了蓝宝石镶钻，就会在任何时地都心心相印，看见大地宇宙的美好，看见人情因缘的难得，也看见生活、文学、宗教那互相流通映照的闸门。

我又看见一颗流星了。

我总希望在有流星的时候许愿。

但在流星出现之时，我又震慑于那惊人的美，忘失自己要许下的愿望。

呀！也许，流星的出现，只是要带我们进入空明的刹那，不是为了许愿而存在的。

严肃，是一种病

严肃，真的是一种病，现代人大部分都生了这种病，只是轻重缓急的差别罢了。

今年的诺贝尔文学奖得主大江健三郎[1]，作品以艰涩难读著称，但是他的个性却温和幽默。他的生活明朗、作品沉郁，这两种完全不同的特质交集，源于他有一个智障的儿子大江光。

大江健三郎在青年时代就把文学作为人生的第一个壮志来追求，年轻时就受到日本文坛的瞩目，没想到三十一岁时生下第一个孩子大江光，是一个头盖骨不全的重度智障儿。

根据大江健三郎的回忆，大江光是在广岛出生的。当时广岛正在举行反核大游行，健三郎怀着混乱的心情去参加。大会之后，一群原爆牺牲者的亲属，聚集在河边追悼死者，并为死去的人放河灯。他们把死者的名字写在灯笼上，让灯笼随水漂流。

怅望河水，被绝望的心情包围的健三郎，也为大江光放了一个河灯，随水流去。他在心里希望，自己的孩子就那样死去。

---

① 大江健三郎：日本小说家，一九三五年生于日本爱媛县，毕业于东京大学，著有《广岛日记》《个人的体验》等，一九九四年获得诺贝尔文学奖。

随后不久，大江健三郎去访问原爆医院。院长告诉他，医院里有一些年轻医生，由于触目所见都是求生不得、求死不能的病人，自己又不能为病人解除痛苦，终于积郁自杀，因而造成了身受痛苦的病人挣扎求生，身无病痛但过度严肃的医生反而自杀的荒谬情况。

大江健三郎听了大有所悟，回东京后立刻请医生为大江光开刀，并立下第二个人生的壮志：与大江光共同活下去。

大江光虽是智障儿，又犯有严重的癫痫，但在父母亲细心的照护下，不只心灵澄明无染，还对音乐有超凡的才华。如今大江光出版了两张个人音乐专辑《大江光的音乐》《萨尔斯堡》，引起日本乐坛的震撼，甚至被称为“日本古典乐坛的奇葩”。

在大江健三郎获得诺贝尔文学奖后的一场演讲会上，他对听众自嘲说：“据说我儿子的音乐所以受到欢迎，是因为有催眠曲的效果。如果有人听了大江光的音乐还睡不着，就请看我的书吧！”

我读了大江健三郎的报道，心里突然浮起“严肃，是一种病”这句话。就像在原爆医院自杀的医生一样，他们的严肃所带来的伤害反而比受辐射的病人严重得多。一个人对待生活过于严肃，甚至可以严重到失去生命的意趣呢！

最近在柏林影展获得最佳女主角奖的喜剧演员萧芳芳，她认为即使最严肃的题材也要有幽默感，她说："我对喜剧是情有独钟的，因为人生已经够苦了，能够带给别人欢乐，是一件好事。"

萧芳芳在实际生活中也饱受打击。她幼年丧父，少女时代经历过不顺利的婚姻，中年罹患了严重耳疾，即便在得奖的时刻还照顾着患了老年痴呆症的母亲。

虽然生命有这么多的历练，但是由于萧芳芳有幽默感，使她保有充沛的创造力，总是那么可亲、喜悦、优雅，远非只靠美貌的女星可比。

当今之世最长寿的人为法国女子尚妮·加蒙，最近度过一百二十岁的生日。路透社的记者问她长寿的秘诀，她说："常保笑容，我认为这是我长寿的要诀，我要在笑中去世，这是我的计划之一。"

她对疾病、压力、沮丧有绝佳的抵抗力，对每件事都感兴趣但又不过于热衷，一直到一百二十岁，还保持极佳的幽默感，既乐天，又喜欢开玩笑。她说:“我总共只有一条皱纹，而我就坐在它上面。”“我对凡事都感兴趣。”“上帝已忘了我的存在，他还不急着见我，他知我甚深。”

能一直轻松喜乐地活到一百二十岁，真是幸福的事。想一想，有许多人才二十岁就活得很不耐烦了呢!

听说日本这几年兴起一种补习班，叫作“微笑补习班”。许多人都缴费去学习微笑，因为在现代社会，人们早就忘记该怎么欢笑了。

微笑还需要补习，其中实有深意，因为微笑人人都会，但许多人都留在“技术层面”,有的是“皮笑肉不笑”,有的是“肉笑心不笑”,如果要“从心笑起”，就需要学习了。

想要“从心笑起”，大概要具备几个基本的素质：一是游戏的心情；二是包容的胸怀；三是幽默的态度。

没有游戏的心情，就会对苦乐过于执着、对成败过于挂怀，便难以在苦中作乐，品尝生命的真味。

没有包容的胸怀，就会思想僵化、不能容纳异见，难以接受批评，把别人视为寇仇，处处设限，也就难以日日欢喜了。

没有幽默的态度，就不懂得自嘲，不知甘于平凡，也不会对世事一笑置之，就会常画地自限，想不开了。

严肃，真的是一种病，那些外表严肃、内心充满怨恨的人，是生病了。那些以自我为中心、不能轻松的人，是生病了。那些执着于财势名位、不能放下的人，也是生病了。

如果严肃真的是一种病，现代人大部分是生病了，只是轻重缓急的不同罢了。

我们应该认识这种病，革除这种病，让我们懂得笑、懂得游戏、懂得包容、懂得轻松和幽默。

每天早晨，和我们会面的熟人真情一笑，和我们错身而过的陌生人点头微笑，或者，拯救社会就是从这里做起呢！

“人生已经够苦了，能够带给别人欢乐，是一件好事。”

为别人着想

一个人如果真正建立了为别人着想的人生观，就不会逃避人生的责任，不会背弃朋友的信义，不会辜负父母的养育与慈爱。只有这种境界得到提升，才可能有真正的慈悲。

有一次到花莲[①] 的静思精舍去拜访证严法师。正好是快午餐的时间，我在精舍中随意散步，走到厨房外面，看见一群师姊正蹲在地上拣菜、洗菜。

我便加入她们的行列。我虽然是男生，但从小什么苦都吃过，洗菜拣菜实在难不倒我。师姊们微笑地欢迎我，并不因为我是男生或宾客而拒绝我到厨房工作——我就是喜欢寺庙里的这种天真自然、没有客套的作风。

与我坐在一起拣菜的师姊是两位老太太，年纪都在六十开外，是儿孙都长大了而自愿到庙里做义工的，因为每到假日，各地到静思精舍“朝圣”的宾客很多，“回娘家”的委员会员也不少，厨房内总是忙得不可开交。

我们一边把腐叶剥除，一边把纤维太粗的菜梗摘去。一位师姊说：“我们一边洗菜，一边把菜折成一段一段的，这样厨房的师姊就不用动菜刀了。”

① 花莲：东临太平洋，是台湾岛东部地区人口最稠密的地方。

我把菜折成一段一段。另一位师姊说："你折这样太长了，吃的人要塞进嘴巴不方便哩！应该折成一寸一寸的，这样吃的人才方便。师父说，常常为别人着想，就是慈悲！"

我说："师姊，你真有智慧。"

她忙客气地说："没有，没有，都是师父教的，我以前菜折得比你还长呢！"

从此，我每次吃青菜都会想到那两位师姊告诉我的话，想到"常常为别人着想，就是慈悲"。如果洗菜的人为掌厨的人着想，厨师为吃菜的人着想，而吃菜的人可以感恩厨师、洗菜的人，甚至种菜的人，那就会形成一个善的循环，使每个人都有美好的态度了。

"为别人着想"看起来是非常简单的事，实现起来却不简单。不要说没有对象时为别人着想，即使是为自己的亲人着想也不容易。像儒家思想里最简单的立意——"身体发肤，受之父母，不可毁伤，孝之始也。""吾日三省吾身，为人谋而不忠乎？与朋友交而不信乎？传不习乎？"其出发点正是从"为亲人着想"，再进一步"为别人着想"。

大乘的思想也是奠基于此。一个人如果不能打破自私的框限，去为别人着想，是永远不可能了解的。

我们也可以说，一个人如果真正建立了为别人着想的人生观，就不会逃避人生的责任，不会背弃朋友的信义，不会辜负父母的养育与慈爱。只有这种境界得到提升，才可能有真正的慈悲。

最近几年，青少年自杀的事件很多，也有许多人留下遗书。我曾再三研读这些青少年的遗书，发现几乎没有一封遗书是曾经感谢父母、师长和朋友的。使我疑惑的是，难道一个人对世界毫无眷恋，到临终之顷，对父母也没有一点遗憾与愧疚吗？

我们花费如此大的心血来养育孩子，让他们进最好的学校，有良好的成绩与知能，为什么他们的爱却如此脆弱呢？为什么孩子不能为父母亲友着想呢？

要能为别人着想，一定是从生活中培育起来的。一个人如果曾经真正地生活过，知道生活本来就有种种困境与磨难，就会懂得为别人着想。

看看我们现今教育中的孩子吧！他们为了升学、为了考上好的学校，几乎完全不管生活的事物。他们只承担成绩的好坏，不必承担生活的责任，几乎个个都成为“当红炸子鸡”，而且是肉鸡做的。

一个为成绩而活在世上的孩子，可以想见当他遇见生活的难题，将会是如何无助，就像把肉鸡打开笼子，放弃到野外一样。

一个为成绩活在世上的孩子，不会知道一盘菜的完成需要农夫的心血、父母的工作、洗拣和烹煮，也就无法培养出“感恩的心”和“为别人着想的心”。

一个为成绩活在世上的孩子，有一天发现真实的生活离不开洗碗、扫地、洗衣服，也离不开上班、听训、升迁无望，甚至离不开失恋、失败、失策等等，或者也会因此而厌弃世界了吧！

一个学生的价值

一个孩子的好坏与价值并非取决于成绩、特权或家境，因为一个孩子的存在，本身就有独立的、完整的、最珍贵的价值。

一位自称平凡的家庭主妇写信给我。她育有一子一女，分别在读国中三年级和国中一年级。

她的孩子有一天问她："为什么功课不好的人就不能和功课好的人一起玩？"她感到锥心之痛。原因是有一次她的儿子到同学家玩,同学的母亲竟当场对孩子说："你以后不要到我家来玩。"并且转头告诫自己的儿子，"你以后不要和功课不好的同学玩"。

因为对方的家长怕自己的孩子和功课不好的同学在一起玩会变坏。

这位明理的母亲虽然劝慰她的孩子，心里却非常难过。"功课不好"和"变坏"之间虽然天差地别，却成为我们这个社会对孩子衡量的标尺。那不准儿子和成绩不好的同学来往的母亲，只是凸显了那个标尺而已。

我很想告诉这个母亲，我从小就是"功课不好"的学生，读的学校往往都是不太高明的私立学校，我有时还是学校的最后一名。我既不是师长眼中的"好学生"，也不是父母眼中的"坏学生"。我的学生时代往往是活在蓝与黑中间的灰色地带，但我从未对自己的价值怀疑。

也许我不是一个好的例子，那么来看看新当选的“台湾省长”宋楚瑜吧！宋先生自谓在高中以前是成绩不佳的，由于不知道自己的特长在文史而选择读了理工科，结果不管多么努力，成绩总是不好，毕业时连大学都没考上。后来遇到一位家教，发现他的兴趣特长在文史，向宋父建议让他改读文史，从此平步青云，读到博士学位，还当了“省长”。

有时我会想：宋“省长”当年是不是也会因为成绩不好，遭到同学母亲的白眼呢？果真如此，那个母亲如今一定感到遗憾。

竞选台北市“市长”失利的黄大洲，高中以前的成绩也不怎么样，大学第一年也没考上，重考才上了台大农学院，后来进了康乃尔大学读到博士学位。虽然这次选举失败，他的求学奋斗过程还是很感人的。

因此，什么是“好学生”，什么是“坏学生”呢？有的人在小学是好学生，到了中学可能变成坏学生；也有从小学到大学都是坏学生，到社会却成为“好公民”；还有从小学、中学、大学一直读到博士，被公认为“好学生”的，后来贪污腐败，无所不为，甚至被关进牢里的。如果以一时一地成绩的好坏来作为评断的标准，是无法真正评估学生的好坏的。

过早品评学生的好坏，也不是一个健康社会的做法。

不只是成绩好坏的评断标准，这位忧心的妈妈还谈了两个真实存在的现象：

一是全省几乎每个国中都有“特权班”，每年级都有三五个班是地方名流政要与学校教职员子弟编成的班级，由学校教务处特别安排一流的导师，主科权威、副科权威负责功课。使得一般百姓的孩子无法在相等的立足点上竞争。

二是现在学校里有很多老师非常爱钱，到了匪夷所思的地步。

她认识的一个老师，开学时拿着点名簿，向学生一个一个问家长的职业，凡是办厂、公司、商店等家境不错的学生，就在姓名上打钩，凡是工人、农民子弟等家境差的，就在名字上打叉。

然后，这位老师就常常到家境好的学生家里作“家庭访问”，隔几天就来卖一斤数千元的茶叶，过几天又来拉保险，再过几天又来卖维他命[1]、化妆品等直销公司的东西。至于家境差的学生，老师两年内没有打过一次电话，更别说家庭访问了。

原来，一个学生的价值不只是由成绩来评定，也可以由“家境”来评定的。

比较反讽的是，那些排斥成绩不好的孩子母亲，往往自己读书时也没有什么好成绩；那些以“家境”好坏来评定一个学生价值的老师，往往一生都不会有好家境。那么，我们要如何去看待他们的价值呢？

我们当然都希望自己的孩子有好成绩，希望他们读“特权班”，希望自己有好家境以供老师的需索，但是往往不能如愿。不过也没有关系，一个孩子的好坏与价值并非取决于成绩、特权或家境，因为一个孩子的存在，本身就有独立的、完整的、最珍贵的价值。

① 维他命：维生素的旧称。

屋顶上的田园

有一位朋友吃了我种的菜，大为感慨："在台北市，大概只有两个大人物自己在屋顶上种菜，一个是王永庆，一个是林清玄。"

我听了大笑。大人物是谈不上，不过吃自己种的青菜确实非常踏实，有成就感。

连续来了几个台风，全台湾又为了昂贵的菜价而沸腾了，我们家是少数不为菜价烦恼的家庭。

今年春天，我坐在屋顶阳台上乘凉的时候，看着空荡荡的阳台，心里想："为什么不在阳台上种点东西呢？"我想到居住在乡间的亲戚朋友，每一小片空地也都是尽量地利用，空着三十几坪①的阳台岂不是太可惜吗？

于是，我询问太太和孩子的意见："到底是种花好呢？还是种菜好？"他们都认为是种菜好，因为花只是用来看的，菜却要吃进肚子里，而台湾的农药问题是如此可怕。

孩子问我："爸爸，你真的会种菜吗？"

我听了大笑起来："那是当然的啊！想想老爸是农人子弟，从小什么作物没有种过，区区一点菜算得了什么！"

① 坪：土地或房屋的面积单位，一坪约合 3.3 平方米。

自己吹嘘半天，却也有一些心虚起来。我的祖父、父亲都是农夫，我小时候虽也有农事的经验，但我少小离家，那已经是很遥远的事了。

种菜，首先要整地。立刻就面临要在阳台上砌砖围土的事情，这样工程就太浩大了。我和孩子一起讨论：“如果我们找来三十个大花盆，每一个盆子栽一种菜，一个月之后，我们每天采收一盆，就会天天有蔬菜吃了。”

我把从前种花的时候弃置的花盆找出来，一共有十八盆，再去花市买了十二个塑料盆子。泥土是在附近的工地向工地主任要来的，种子是托弟媳在乡下的市场买的。没有种过菜的人，一定想不到菜的种子非常便宜，一包才十元，大概可以种一亩地。如果种一盆，种子不到一毛钱。小贩在袋子上都写了菜名，在乡下的菜名和国语不同,因此搞了半天,才知道“格林菜”是“芥蓝菜”,“汤匙菜”是“青康菜”，“药菜”是“空心菜”，“美仔菜”是“莴苣”。那些都是菜长出来后才知道的，其实，所有的菜都很好吃，种什么菜都是一样的。

我先把工地拿来的废土翻松。都市里的土地从未种作，地力未曾使用，应该是很肥沃的。所以，种菜的初期，我们可以不使用任何肥料。我已经想好我要用的肥料了，例如洗米的水、煮面的汤、菜叶果皮，以及剩菜残羹等等。

叶菜类的生长速度非常快，从发芽到采收只要三个星期的时间。几乎每天我都会因看到茂盛的生长而感到喜悦。特别是像空心菜、红凤叶、番薯叶，一天就可以长出一寸长。

我也决定了采收和浇水的方法。

一般的菜农采收叶菜，为了方便起见，都是整棵从地里拔起。我们在阳台种菜格外艰辛，应该用剪刀来采收。例如摘空心菜，每次只采最嫩的部分，其根茎就会继续生长，隔几天又可以收成了。

浇水呢？曾经自己种菜的弟弟告诉我，如果用自来水来浇灌，不只菜长不好，而且自来水费比菜价还高。我找来一些大桶子放在阳台，以便下雨时可以集水，平常则请太太帮忙收集洗米洗菜的水，甚至洗手洗澡的水。既是用花盆种菜，这样的水量也就够了。

我种的第一批菜快要可以收成的时候，发现菜园来了一些虫、蜗牛、蚱蜢等小动物。它们对采收我的菜好像更有兴趣、更急切。这使我感到心焦，因为我是不杀生、不使用农药的，把小虫一只一只抓来又耗去了太多的时间。

有一天，一位在阳明山种兰花的朋友来访。我请他参观阳台的菜园。他说他发明了一种农药，就是把辣椒和大蒜一起泡水。一桶水里大约辣椒十条、大蒜十粒，然后装在喷水器里，喷在花盆四周和菜叶上，又卫生无毒又有奇效。

从此,我大约每星期喷一次自制的“农药”,果然再也没有虫害了。

自从我种的菜可以采收之后，每次有朋友来，我都摘菜请客，他们很难相信在阳台上可以种出如此甜美的菜。有一位朋友吃了我种的菜，大为感慨：“在台北市，大概只有两个大人物自己在屋顶上种菜，一个是王永庆，一个是林清玄。”

我听了大笑。大人物是谈不上，不过吃自己种的青菜确实非常踏实，有成就感。

还有一次，主持《玫瑰之夜》的曾庆瑜小姐来访，看到我种的菜，大为兴奋，摘了一枝红凤菜，也没有清洗，就当场大嚼起来。我想阻止她已经来不及了，如果告诉她农药和肥料的来源，她吃得一定更有“味道”了。

从开始种菜开始，我就不再担心菜价的问题了。每有台风来的时候，我把菜端到避风的墙边，每次也都安然度过，真感觉到微小的事物中也有幸福欢喜。

每天的早晨和黄昏，我抽出半个小时来除草、浇水、松土，一方面劳动了久坐的筋骨，一方面也想起从前在乡间耕作的时光，在劳苦之中感觉到生活的踏实。

我常想，地球上的土地是造物者为了生养人类而创造的，如今却有很多人把土地作为占有与幸进的工具，真是辜负了土地原有的价值。

想到一个在东京银座有块土地的日本人，拿土地来种稻子。许多人为他不把土地盖成昂贵的楼房，却用来种粗贱的稻米而感到不可思议，那是因为人们已经日渐忘记土地的意义了。东京银座那充满铜臭的土地还可以生长稻子，不是值得欢喜的事吗？

我在阳台上种菜是不得已的，但愿有一天能把菜种在真正的土地上。

心灵与环保

心灵的环保做到最高的境界，一是“无缘大慈，同体大悲”；二是“有情无情，同圆种智”。

生在现代的台湾人，愈来愈艰难了。

到米店买米，可能买到含汞的米。

到市场买菜，可能买到镉污染的土地种出来的青菜，也可能买到农药过量的青菜。

改成买水果好了，可能买到喷了剧毒四氯丹的水果。

想要买猪肉，可能会买到病死很久、发霉发臭的病死猪肉。

改成吃素好了，在豆干、豆皮、素丸子、面筋里，到处都是硼砂、漂白剂、硝酸。

好不容易存了一大笔钱，想买一间房子，很可能买到辐射钢筋和海沙屋的房子，也可能买到地基水土保持不良的房子，一夕之间就倒塌流失了。

在衣食住行中战战兢兢地过日子也就算了，每年缴给台湾当局的税，许多都被拿去浪费、作践、贪污。就以台北的捷运系统来说，工期一延再延，问题千奇百怪。官员一批批调任土城看守所，里面的黑幕虽然疑云重重，但浪费、作践、贪污百姓的税金，是绝对可以肯定的。

每次，在发生环境和食物污染的时候，台湾当局都会出面处理，定下许多的规章和方法，并且保证类似的问题不会再发生，但是悲剧总是一再重演。

即使台湾当局以许多规章、方法、技术想要做环保的问题，也总是力不从心，原因是不能彻底了解问题的根本是在人心。

现在的一切问题都是由“人心败坏”所引起的。一个人的心如果不败坏，不可能在做公共工程时收贿贪污、偷工减料，因为工程完工后稍一不慎，就可能伤生害命。人心如果不败坏，也不可能明知土地受镉污染，还要种菜害人。人心如果不败坏，更不可能贪求暴利，卖病死的猪肉。

这几天读报，看到现在有许多十几岁的少年少女，组成飙车的“暴走族”，自己的性命弃之不顾也就罢了，还带着西瓜刀在路上看到不相识的人就砍杀。人心的败坏可以说莫此为甚了。

所以，要解决环保问题、社会问题，不能忽视心灵的存在。唯有解决心灵的问题才能得到根本的解决，否则就好像种树只在枝叶上喷水，而不在根干处浇灌一样，环保的树是不能长大的。

心灵的环保做到最高的境界，又是什么呢？一是“无缘大慈，同体大悲”；二是“有情无情，同圆种智”。

“无缘大慈”是对即使毫无因缘的众生也能有广大的慈爱，“同体大悲”是把众生当成与自己一体，而有真实的悲悯。

“有情无情，同圆种智”，是说有情的众生与无情的世界，都能一起走向圆满之境。这是因为人不能离开环境而自存，人与环境是有着共同归向的。

生命无常，人生是如此短暂脆弱，人是这样渺小易灭，我们又能在世界上占取什么呢？我们为了谋取私利，把环境毁坏了，对我们又有什么利益？

从历史发展看来，我们既是自己的祖先，也是自己的子孙，若不能维持好的环境生活，不只是害到别人的子孙而已，我们自己也必然会受害的呀！

文明的远离

“别人的孩子死不完”的观念，才是今日社会最大的病灶。

每天读报纸的时候，我总会兴起一个念头：我们离文明社会还远得很呢！

有一位居住在南部的老菜农，生了两个孩子继承衣钵。大儿子娶了媳妇以后，一家和乐；不久之后，二儿子也娶了媳妇。

媳妇刚入门，老菜农就吩咐她："如果要摘菜来吃，就摘最靠边的那一畦菜圃，其他的都是要卖的，不要摘。"

但是，媳妇嫌麻烦，每次摘菜都是摘靠近家的这一边菜圃，心里还想："反正有这么多菜园，采哪里的都一样呀！"而且她到"留给自己吃的菜园"去看，发现菜都不漂亮，于是到别区专拣漂亮的摘来吃，心里还嘀咕：公公也真小气，连漂亮的菜也舍不得吃。

过了没多久，老菜农的两个儿子都得了肝癌，医生说可能和吃的食物有关。老菜农痛不欲生，心想：我们喝的水是纯净的山泉，吃的肉是自己养的鸡鸭，吃的青菜也是特别不用农药的，怎么会因食物而得了癌症呢？

他把媳妇叫来问，才知道媳妇摘的菜都不是来自"留给自己吃的菜园"的，而是来自"留给台北人吃的农药特区"的。这时他才捶胸顿足、痛心疾首：没想到农药的过度使用，反而害了自己的儿子。

这是在南部发生的真实的事。现在凡是种菜、种水果的农民都知道“台北人的胃卡勇[1]”，于是抗生素、化学肥料和农药都毫无节制地用在农作物上，有很多应该要稀释数百倍的农药，在台湾只稀释数十倍，有的甚至使用“原汁”。

台北人的肠胃不是“卡勇”，只是还没有发作罢了，还有就是很多疾病找不出与农药的关联罢了。

农药的问题不只伤害人的身体，也会污染环境和水源，甚至在土地与河流中留下永久的毒性，使鸟兽丧命、鱼虾绝迹。

但是，农药的问题还不是最严重的，最严重的是观念问题。台湾俗语有一句说：“别人的孩子死不完。”意指那些自私自利的人，只管自己的利益，不顾别人的死活。

这种“别人的孩子死不完”的观念，才是今日社会最大的病灶。

① 卡勇：强、厉害。

最近，桃园县有一个集团，到处收购死猪、病猪来私宰，并且用双氧水漂白，然后把肉卖给军队和学校，甚至把那些腐败、发臭的肉灌制香肠里，或者做成便当出售。根据报道，这个私宰场已经做了数年，规模十分庞大，吃过这种死病猪肉的恐怕有数万人以上。

看到这种报道，除了令人恐惧作呕之外，也会想到：怎么这种事也做得出来？这种歹毒的行径比起抢劫杀人还要恐怖百倍，简直是“杀人于无形”，纵使万死也不能辞其咎！

我敢打赌：做这种猪肉私宰的人，绝对不会吃自己卖的肉，也不会给自己的孩子吃这种肉，因为“别人的孩子死不完”呀！

除此之外，像雏妓问题也是如此。那些买卖雏妓、靠小女孩牟利的人，也是因为雏妓不是自己的女儿，那些去嫖雏妓的嫖客也是因为“别人的女儿死不完”。最近台湾当局和警察单位打算把嫖雏妓的嫖客的姓名、地址、身份证字号公布。我觉得是公义的做法，这样至少让他的儿女对父亲有更清楚的认识。

只是不要疏忽，要把买卖雏妓的人也公布才好。

再则，像海砂屋、辐射钢筋，乃至公共工程的弊案、公共政策的利益输送、一些为了私利的贪污腐败，也都是和喷洒农药、卖死猪肉、嫖雏妓是同质的。那些以贪渎为本质的政客与财阀，只是穿了更讲究的西装、开着更名贵的跑车罢了，他们害死的人可能比卖死猪肉、喷农药的人还多得多。

要从道德、伦理层面，使人心不贪婪，几乎是做不到的，这时候，法律与制度就变得非常重要。试想想，我们管理农药的、管理雏妓的、管理卖死猪肉的法律和制度，可以说一点也不完备，这才使人那么大胆和猖狂。

再说，对于贪渎的公务员，我们又有着如何松散的法律与制度呀！

每天读报纸的时候，我总会兴起一个念头：我们离文明社会还远得很呢！

一粒美国来的麦子

在一个负向的时代与社会，正向的质量独如沙中的黄金，数量虽少，必有耀眼的光芒。

前一阵子，电视连续剧《包青天》非常轰动；这一阵子，则是《阿信》当红。其实，这两档连续剧都是制作费不多、剧情单纯的戏，而且都有老旧的倾向。《包青天》固是古人，戏也是老戏新拍；《阿信》更不用说了，当年的童星小林绫子现在已经是亭亭玉立的少女，戏的老旧可想而知。

照理说，以连续剧号召观众的标准，要够热闹、要大场面、要新奇、要卡司[①]坚强等条件，《包青天》和《阿信》都不符合要求，那么，这两出剧情单纯、场面不大、思想保守、没有卡司的戏，怎么会大红大紫的呢？

我想，有一个非常简单的、常被评论者遗忘的观点，就是《包青天》和《阿信》从侧面反映了时代和人性。

在这个时代，大部分的价值都在崩解，许多做官的人是非不分，行径有如小偷强盗，而整个社会弥漫着混乱与不安，使我们感觉这是一个“非常负面的社会”。我们在内心里渴望着有像包青天那样明断

① 卡司：级别、等级、格调。

是非、廉能有为的台湾当局；我们也渴望着那些传统善良的价值能够重现:有一个人人都是好人的社会,《阿信》正是反映了这样的期许。

除了时代，人性的沦落也促使我们向往光明的救赎。当我们说这个社会日益暴力、色情、无法无天，相信没有人会反对。电视新闻报道增加为一小时,报纸增张成五十版,我们所看到的几乎全是“坏消息”，是“报忧不报喜”，这不只是新闻媒体爱挖墙脚而已，也反映出社会上的人性质量愈来愈败坏了。

既然社会败坏、人性沦落，已是无可奈何的事，在休闲的时候，我们如果还看那些打打杀杀的电视、情色纠缠的文学，不只是自苦，简直就是酷刑了。

《包青天》与《阿信》的轰动，或者可以说多少象征了人心求治、社会还有希望，但也应该带给我们反省：新闻报道、传播媒体真的是黑暗面才有市场吗？我们可不可以把版面的一半留给正面的报道呢？

我在内心里深深地相信，在我们的官员里一定还有很多“包青天”，我们社会的各个角落里也一定有很多的“阿信”，只要能报道他们，是不愁没有“收视率”的。如果能通过媒体潜移默化地产生影响，也算尽了媒体的责任！

最近读到一篇报道。台东基督教医院创办人谭维义，在台湾服务了三十三年，最近要退休返美了，台东人主动为他办了一个盛大的欢送晚会。在会上，许多人都因为感恩和别离流下了眼泪。

谭维义院长把他的大半生奉献给偏远的台东。三十三年来，他没有支领过一毛钱的薪水，离开台湾的前夕，他两袖清风、身无片瓦。如果不是他九十几岁的老母亲一直叫他返回美国陪伴，他还真舍不得台湾。

在医疗资源匮乏的台东，谭院长救人无数。他谦逊地说：“我只是做了我应该做的事。”

读了这则报道使我深受感动，觉得看到一个高风亮节的人格，自己的心也被照亮了一样。

谭院长给台湾的临别赠言，非常感人，他说：

“台湾处处跟着美国走，但千万不要学美国，让暴力染指社会。你们要记得，爱比恨强，善比恶更有力量。

“医疗是服务奉献的工作，现在该是台湾人回馈社会，以及年轻医生站起来为社会牺牲的时候。”

像谭维义院长的故事，不只写成报道感人，相信拍成电视剧也一定很好看。我们不必到古代找“包青天”，也不必到日本找“阿信”，只要做电视的人多用点心，感人的事迹不是唾手可得吗？

“永远相信远方，永远相信梦想。”

“爱比恨强，善比恶更有力量。”

在一个负向的时代与社会，正向的质量犹如沙中的黄金，数量虽少，必有耀眼的光芒。

电　影

电影既是影响力大的媒体，我们无可逃避，只好接受它。电影的本身是没有善恶的，但愿我们也可以创建善的可能。

从前几次看宗教电影的经验，使我对宗教电影感到失望，因为宗教电影不免流于两极：一个极端是歌颂，但歌颂者对电影缺乏专业与才具，往往徒留宗教的形式，令人厌烦；另一个极端是批判，而批判者或是无神论或是不可知论者，以至于欠缺诚意，拍不出更高广的胸怀与境界。

因此，我常常在想，要怎么样才可能拍出好的宗教电影呢？

一是拍宗教电影的人，要对电影有才具、有专业能力，而不只是教徒。

二是拍宗教电影的人，要对宗教有诚意，了解宗教的境界与艺术的境界并不是冲突的，要有宗教情操，而能摆脱宗教的形式。

三是宗教电影仍是电影，应该以电影的标准来省察，不是从传教的功能来思考。

当我看到贝托鲁奇在拍一部《小活佛》的电影报道时，就认为前述的三个条件应该都具备了。

贝托鲁奇是国际知名的大导演，他的导演能力是无可置疑的。在他的电影中，往往表现出思考与省思的诚意，而且他又曾长期浸淫于东方思想。所以，在电影刚开拍时，我就相信《小活佛》一定是不错的电影。

后来又听说《小活佛》的电影，是由宗萨仁波切担任顾问，并且亲自参加演出，使我对这部电影益加注目。我曾经和宗萨仁波切见过几次面，他的慈悲和智慧令人印象深刻。

我印象最深的是宗萨仁波切的改革精神。他认为戒律要修正，修行方式要改革，弘扬的方法也要创新。有一次听他以“觉悟战士”为题开示，使我深受感动。

这样具有改革精神的宗萨仁波切，会参加电影工作，比较不令人意外，却也令人有所期待。他说：“以电影来教导人们是最有效、最迅速、最具影响力的。”因此，《小活佛》公演以后，他将前往纽约去学电影。

我去看《小活佛》的电影，看到一半就感动落泪了。当我看到释迦牟尼第一次走出皇宫，看到苍老、垂死的人那种“感同身受”

的深切震撼，看到他为了证悟，在森林中一而再、再而三地接受熬炼……

这些故事是我们非常熟悉的，为什么还能那么动人呢？我想是因为贝托鲁奇优美神奇的影像风格，有如烟云梦幻的魅惑色彩，使我们能想象修行的真实情境。

《小活佛》的电影对人的转世也有深刻的思考。去年风行一时的畅销书《前世今生》，使它又成为这世界的热门话题，但看《小活佛》时我想到，“前世今生”的观念，老早就说过了，只可惜释迦牟尼没有耶鲁大学的博士学位，使这震烁古今的观念被人忽略罢了。

《小活佛》的电影还有令人反思的部分。数十年来，西方电影的潮流已经成为激情、暴力、血腥、恐怖的代名词，我们想要看一部优美如诗的电影，早就不可得了。贝托鲁奇以拍童话、史诗的方法，把《小活佛》拍得纯美、干净、有余韵，可能是近数年来少数不致污染人心的电影。

借着《小活佛》的上映，我们说不定可以来思考现代媒体的走向，是不是在贪、嗔、痴泛滥的潮流中，也可以保有纯净的空间呢？

宗萨仁波切说“电影电视引起人的贪、嗔、痴”。他在出发去纽约学电影前说：“我们不要只受到电影的影响，我们也可以借着电影，让世界转化得更祥和。”

电影既是影响力大的媒体，我们无可逃避，只好接受它。电影的本身是没有善恶的，但愿我们也可以创建善的可能，《小活佛》让我们看见这种可能。通过大导演贝托鲁奇，我们也看见了理想的宗教电影了。

“歹心肝”与“憨三八”

“日据时代，日本人无情地破坏我们的古迹，今天我们是出于无知,自己破坏自己的古迹。用闽南话讲，以前日本人是‘歹心肝’，现在我们是‘憨三八’。”

号称“台湾第一街”的台南延平老街，正当学者、专家与台湾当局官员在台北热烈讨论，并且“一致通过”保存这极有历史意义的街道时，居民则几乎在同时，自己雇工动手拆除改建自己的家园。

学者专家与台湾当局官员深表遗憾，认为“古迹是属于全台湾人民的，居民没有权利自己拆除”。

当地居民也深感遗憾，表示台湾当局没有任何辅助的诚意，三百多年的房子不能改建，万一塌下来压死人，谁肯负责？

“台湾第一街”于是就这样完蛋了。

赞成维护古迹文化的人深为痛心，可是痛心又有什么用呢？三百多年的时间那么长，为什么学者、专家都没有想过对“台湾第一街”加以整理？素以文化见长的文建会，成立十几年来，为何从来不给第一街规划和补助呢？

我在读中学的时候，学校在台南市的安南区，距离“台湾第一街”很近，加上有同学住在那里，寒暑假曾在“台湾第一街”寄住，对这一条延平街有一些感情。但是二十五年前，这条街就已相当残破，街道十分窄小，每到雨季，漏水非常严重。虽然二十五年来没有再回去过，但破旧的情景是可以想见的。

住在那样残破的房子里，居民拆除改建又有什么错呢？

重要的倒不是对错的问题，而是台湾居民普遍对台湾当局的不信任与不良印象。

不信任的是，既然第一街在历史文化中的地位如此重要，文建会就不可能不知道——既然知道为什么不早点整理，一定等到都市计划通过要拆除时才来表示重视呢？

不良印象是，当一个地方被鉴定为古迹，不管是一级、二级或三级，拥有产权的人就等于失去权益，对自己祖先留下的财产变成无权处理（一处理就会触法），而台湾当局也几乎没有任何补助的措施。那么，谁肯把自己的财产无条件奉献给这样的当局呢？如果是你，你愿意吗？

因此，自从文物资产维护的法令通过之后，台湾各地的居民只要听到自己的房屋可能会变成古迹，赶紧动手拆毁的例子层出不穷。甚至有特别敏感的，只听到专家来勘察，第二天就把房屋铲平。这次延平古街的拆除，只不过是其中的一例。

我们也可以骂居民无知、自私自利，但保护自己的财产和权益，原是人的天性。假设台湾当局不肯从“利益”上来思考，给文物的拥有者相对的利益，古迹文化的维护是永远不可能成功的。

今年[①]的“行政院”文化奖颁给了一生奉献给台湾古迹和历史的林衡道先生。他在谈到古迹维护时，曾说过一段令人痛心的话：

“日据时代，日本人无情地破坏我们的古迹，今天我们是出于无知，自己破坏自己的古迹。用闽南话讲，以前日本人是‘歹心肝’，现在我们是‘憨三八’。”

林衡道先生认为我们的《文化资产保存法》根本是作秀的法、开玩笑的法，在执行上漏洞百出。

① 今年：指一九九四年。

例如，有一条规定，破坏古迹得处五年徒刑，但是台湾当局不敢执行，老百姓也不接受，所以，这条文始终是空的。

又例如，规定“民有古迹”可以免税，但是有屋顶的地方可以免税，其他的不行，造成像板桥林家花园的大厝免税，空地却税负严重。

又例如，对真正的古迹，应有强迫征收的法条，否则像三峡、迪化街都指定为古迹，台湾当局又无权征收，古迹怎么可能维护呢？

林衡道先生认为，如果要保存古迹，一定要好好运用税法，免税、减税、抵税，使人民能有利益，人民的资产有保障，台湾当局的执行才有可能。

“台湾的官不像官、民不像民。我介入古迹保护越深，就越感失望。我做保护古迹的工作这么多年，可以说遗憾的时候比较多！”林先生感慨地说。

我们想想国民党自己拆“中央党部”这个“重要古迹”时，那种仓皇失措的场面，又渴望由该党组成的台湾当局能重视古迹，想来就有些荒诞不经了。

对台湾当局文化质量的不信任，与对台湾当局诚意的不良印象，使“台湾第一街”终成泡影。如果我们不想做“憨三八”，是不是从这里来想一想呢？当我们高谈阔论谈古迹维护的时候，当我们指责居民无知的时候，是不是也该思考人民的想法？台湾当局是不是也能“给”人民一点什么，不只是要人民做什么呢？

一扇门窗的打开

只要有价，还不是真正的宝，像《阮若打开心内的门窗》这种无条件的授权，才是真正的无价之宝，使我们看到了前辈艺术家非凡的风范。

在我的新作《打开心内的门窗》的发表会上，我们很荣幸地请到王昶雄先生来当贵宾。王昶雄是台湾文坛和乐界的前辈，写过许多动人的乐曲和文章，今年已经八十岁了，还是神采奕奕。

王昶雄先生的作品以《阮若打开心内的门窗》最为知名。许多不知情的人以为这是一首民谣，其实是王先生在五十年代与吕泉生先生合写的。许多人也是透过这首歌才认识到台湾歌曲的优美，触及台湾本土艺术家心灵的典雅。

《阮若打开心内的门窗》也是我最喜欢的歌曲，每次听到都非常感动，感觉到心灵被打开而提升了。

一年多以前，我开始筹备一套有声作品，用以纪念我的写作迈入第二十五个年头。当时我就准备以《打开心内的门窗》为名，希望能用王昶雄、吕泉生先生的歌曲衬底，当然，最好是能在录音带里唱这首歌。

当我这样想的时候，压根也没有想到著作权的问题，因为平常我们在卡拉 OK 也时常点唱这首歌的。幸好出版这套书的圆神出版社的简志忠兄有出版人对著作权的敏感，问我说：“我们是不是应该先取得著作人的授权？”

于是，志忠兄开始多方寻找、打探吕泉生和王昶雄的去处，一开始，只知道吕泉生旅居美国，王昶雄住在台北，由于很少和外界联系，不知其下落。

有一天晚上，志忠兄来访告诉我："已经取得授权了。"

原来，他去参加一个笔会，旁边坐着一位七八十岁的老先生，两人互换名片，才知道老先生就是王昶雄。真是踏破铁鞋无觅处，得来全不费工夫！

志忠兄后来去拜访王昶雄先生，谈起《阮若打开心内的门窗》授权的问题，没想到王昶雄一口就答应了，完全免费授权给我们使用。然后，志忠兄问他："不知道吕泉生先生在什么所在？"王昶雄说："伊在美国啦！伊是我的好朋友，我帮你打电话给他！"于是当场由王昶雄拨了一通长途电话给吕泉生。吕老先生听到老友的电话大为欢喜，就把《阮若打开心内的门窗》无条件授权给我们了。

志忠兄说："这真是天助我也！"

我听了大为感动。最近几年大家都有著作权的观念了，使得拥有著作权的人常把自己的著作权当宝，动不动就开出不合常理的价码。“著作权是宝”这个观念是不错的，可是只要有价，还不是真正的宝，像《阮若打开心内的门窗》这种无条件的授权，才是真正的无价之宝,使我们看到了前辈艺术家非凡的风范。这次得到王昶雄、吕泉生两位前辈的帮助，使我更觉得从前常把自己的著作免费地提供别人使用是正确的做法。

还有更令人感动的，就是后来我才听说，本来王昶雄要写回忆录，书名打算用《阮若打开心内的门窗》。但是由于让给我使用了，他自己的回忆录将要改名，使我益发惶恐而感激莫名。

《打开心内的门窗》作词、作曲的授权敲定了，我们选用了凤飞飞工作室的编曲。承蒙凤飞飞小姐的慷慨授权，才使我们有这么优美的弦乐编曲。

《打开心内的门窗》是超过一千分钟的有声作品，里面使用了许多好听的音乐配音，是得到了新格唱片的授权。后来新格结束营业，版权卖给滚石，我们又得到滚石唱片的授权，可以说每一首音乐后面都有一张合约书。录制一整套有声书，背后的艰辛是读者和听者难以了解的。在做这一套书的一年多里，我病倒了两次，圆神出版社的简志忠兄也生了好几场病。帮我录音的金采录音室王道隆、陈文彬，连续数月看起来就像熊猫一样，因为工作太疲累，眼眶都是黑黑的两圈。

录音问题已经如此困难，还有其他的问题更是让人焦头烂额。幸好天助我也，兵来将挡，水来土掩，总算把庞大的有声书制作完成。

在《打开心内的门窗》音乐授权的过程中，我对著作权有新的省思。如果我们拥有著作权的人，以此为足，处处设限，对文化不仅无益，反而有害。如果拥有著作权的人都能乐意授权，使用的人都能尊重著作者，把从前的著作当作社会文明的基础，不仅著作能再创生机，对再来者也有莫大的鼓舞。

所以，《打开心内的门窗》出版之时，我在深心里感谢着王昶雄、吕泉生、凤飞飞、新格唱片、滚石唱片这些台湾文化里响当当的名字。也感谢为著作权授权而奔走的简志忠兄、蔡幼华、丁鸿乐小姐，由于他们再接再厉，永不放弃，才使这些美好的乐曲能一再一再地撞击我们的心。

人民公敌

手无寸铁的人不是没有武器的，我们的武器是法律和公权力，而法律与公权力的赋予则是我们的选票。

不久前，与光启社社长丁松筠神甫一起演讲。一位听众问丁神甫说："丁神甫是美国人，在美国长大、受教育，又在台湾住了这么久，请问我们台湾人在环境保护、社会种种问题上，要怎么样来学习美国？"

幽默的丁神甫说："我来台湾已经二十五年了，对现在的美国反而没有对现在的台湾熟悉了。"但是，他接着认真地说："其实，美国的社会有很多问题的，例如暴力、色情、毒品都太严重了，根本不值得学习。我觉得台湾过去这些年学习外国,已经付出代价了。其实重要的不是学习外国，因为环境和生活都不同，重要的是住在台湾的人要过什么样的生活。"

当时，我在演讲台上听了非常感动，会后与丁神甫一起坐车回家。他和我谈到，台湾人在社会、生活、宗教各方面，似乎都太狭隘了。理想的社会，应该是互相包容的，不同宗教信仰的人也可以合作，也可以是好朋友。每个人过着不同的生活，也应该肯定别人不同的生活。

丁神甫说："如果人人都有包容不同意见的心，这个社会大部分的问题都可以解决了。"

作为一个美国人，丁神甫居住在台湾的时间已超过他在母国居住的时间，因此他把台湾当成自己的故乡，他爱台湾的心情甚至胜过许多台湾人呢！

与丁松筠神甫道别之后，我深入思索他说的美国社会的严重问题——暴力、色情、毒品等等。现在这些已经是世界性的问题，连台湾也不能例外。想想二十年前台湾的情景，谁能预料今天的台湾会成为暴力、色情、毒品的转运站呢？这是什么原因？

一个社会形貌的形成，大约不出内在的追求与外在的诱因。以台湾为例，内在追求是：多年来我们过度重视经济的发展，年轻人普遍以求名求利为人生的目标，人品与道德在这种欲望的竞逐中就退失了——这就是为什么我们经常会看到法官为了金钱自甘沦落，而警察为了金钱不只包娼包赌，还自己开妓院和赌馆的原因了。执法者都会违法，维纪者甘于犯纪，一般大众就可以想见了。

外在的诱因则是社会的不尽公平。许多努力的青年奋斗一辈子也买不起一间普通的公寓，贫富落差一天比一天大，似乎只有铤而走险才可能成功，这时只有做犯法的事。万一成就无望，就会一肚子怨气，一旦点燃，就形成暴力了。

以暴力来说，如果说是有对象，牵涉到情仇钱财的，那还不是很可怕；最可怕的是没有对象、没有理由、没有自觉的暴力。像最近飙车族在路上见人就无缘无故地砍杀，几乎是“以整个社会为公敌”。还有九二五事件[①],因为政治理念不同,就对人施以暴力,几乎是“以民主自由为公敌”。

想一想，不论是我们自己还是亲人，都会在路上行走，都有可能被飙车暴走的人杀伤，也都有可能有不同的政治信念与言论，是不是也会被无缘无故地施暴呢？这样想，都要为台湾社会的沦落而悲哀战栗了。

由于对暴力的不确定而造成社会的伤害，我们不能对这些暴力分子、暴力现象无知无感。一个以整个社会为公敌的人、一个以民主自由为公敌的人,事实上是人民共同的负担,我们应该加以谴责,并且表达我们的厌恶。

---

① 九二五事件：指一九九四年九月二十五日发生在台湾高雄的暴动，亦称“九二五高雄滋扰事件”。

手无寸铁的人不是没有武器的，我们的武器是法律和公权力，而法律与公权力的赋予则是我们的选票。

就用我们的选票来表达吧！

我时常觉得，近几年是台湾的关键时刻。我们会第一次投票选出“省市长”，接着，投票选出民选领导人，我不在乎哪一党的候选人可以当选，但我们希望能投票给爱好和平、维护民主、反对暴力的人。也希望不分党派，候选人都能警觉台湾社会的沦落，警觉正在陷入暴力、色情、毒品边缘的岛，防止它的沉沦。

一个失去国际空间、河里没有鱼虾、地上贪污腐化的社会已经很可怜了，不要让我们再被暴力掩埋了。

悬崖边的树

好老师正如同悬崖边的树，能挡住那些失足坠落的学生。

我读初中的时候，成绩不好。由于对课外书及美术很热爱，我的初中生活一直过得迷迷糊糊，好像一转眼就升上初三了。

就在初三刚开始不久，父亲把我叫去，说："像你这种成绩，我的脸都被你丢尽了。我看你初中毕业不要去高雄参加联考了，你去台南考。"

我当场怔在那里，因为在我居住的乡镇，所有的孩子都是参加高雄联考，去台南考试，无异就是放逐，连在乡镇里的旗美高中也不能考了。

不知道哪里来的勇气，我自己一个人跑到台南去考高中，发榜的时候发现考上一个从未听说过的高中——私立瀛海高中。

瀛海高中刚成立不久，是超迷你的学校，每一年级只有三个班，整个高中加起来只有三百多人。学校在盐分地带，几乎可以用"寸草不生"来形容，土地因为盐分过高，一片灰白色。学校独立于郊野，四面都是蔗田和稻田。

记得注册时是爸爸陪我去的。他看到那么简陋的校舍和荒凉的景色，大吃一惊，非常讶异地问我："你怎么会考上这种学校？"

由于学生很少，大部分的学生都住校，我也开始了离家的生活。

住在学校认识了许多死党，加上无人管教，我的心就像鸟飞出笼子一样，几乎把所有的时间都用来读课外书、画画、写文章。每到假日，我就跑到台南市去看电影、逛书店。

我的高中生活大致是快乐的，除了功课以外。学校的功课日渐令我厌烦，赤字一天一天增加，到高一结束时，有一大半的功课都是补考才通过的。

这时，我暗暗地准备辍学或转学。当我把这想法告诉爸爸时，他气得好几天不和我说话。有一天他终于开口了："你再读一学期，真的不行，再转回来吧！"

升上高二，我换了导师，是一位七十岁的老头，听说早年是北京大学毕业的，因为在省中退休，转到私校来教。他就是后来彻底改造我的王雨苍老师。

开学不久，他叫我去他家包饺子，然后告诉我：“你在报纸上的文章我看过，写得真不错。”这是第一位确定那些文章是我写的老师，以前的老师都以为只是同名同姓的人。

然后，王老师告诉我，他从事教育工作快五十年了，学生的素质他差不多一眼就可以看出来。他之所以退而不休，转到私立学校教书，不只是因为兴趣，也是为了寻找沧海遗珠。

吃完师母的饺子告辞的时候，王老师搂着我的肩膀说：“你有什么想法，随时可以来找老师谈谈，林清玄，你不要自暴自弃呀！”我从未被老师如此感性地对待，当场就红了眼睛。

接下来就像变魔术一样，我把一部分的心力用在课业上，功课虽然不好，也还在及格边缘。

由于王老师的鼓励，我把大部分心力用在写作上，不仅作品陆续发表在报章杂志上，还连续两次得到全台南市中学作文比赛的第一名。这使我加强了对自己的信心，也更坚定日后的写作之路。

不管是写作文还是周记，或是发表在报上的文章，王雨苍老师总是仔细斟酌修改，与我热心讨论，使我在升学至上的压力中还有喘息的空间。渴望成为作家的梦想在我的高中生活中，犹如大海里的浮木，使我不致没顶，王老师则是和我一起坐在浮木上的人，并且帮我调整了浮木的方向。

在我高中肄业的时候，我不再对前途畏惧了，虽然大学的考试一直不顺利，但是我知道，我的写作不会再被动摇了。

一直到现在，我只要想起中学生活，王雨苍老师那高大的身影、红润的双颊就会在眼前浮现，想到他最常对我说的："你一定会成功的，不要自暴自弃呀！"

我不知道自己是不是王老师寻找的沧海遗珠，但我知道好老师正如同悬崖边的树，能挡住那些失足坠落的学生。

现在时空遥隔了，老师的魂魄已远，但我仿佛看到在最陡峭的悬崖边，还长着翠绿的大树。

楚楚浮生

我们时常仰望天空，在蓝天白云中悠游；

当我们再度低头平视时，一样是面对糟透的世界。

“不全然欢喜，也不伤感，这就是人生！我不常抬头仰望天空，因为当我再度低头平视时，又得面对一个糟透的世界。”

这是近代电影大师楚浮在少年时代对自己人生的告白。楚浮十四岁时因环境问题就失学了，但他钟情于电影和艺术，还不满十六岁就办电影欣赏会，因为经营不善欠下一屁股债，最后被送进少年感化院。院方强迫他写一篇自白《生命中最好的或最坏的冒险》，前面引用的就是自白中的一段。

楚浮，可以说是这个年代学电影或向往电影的青年的偶像，虽然去世到今年正好满十年，依然令人怀念。

我在少年时代热爱电影，也会把楚浮当成偶像，如今越过二十年的岁月，从前看他的《日以作夜》《八又二分之二》《四百击》《夏日之恋》《巫山云》的感动的情景，还历历如在眼前。

与楚浮同一时代的电影大师很多，为什么独独钟情于楚浮呢？

我在记忆中思索一些理由。首先是楚浮是那个时代中最敏感、浪漫的典型吧！他不像尚卢高达那么跳动不安，也不像费里尼那么暧昧不明，也不像维斯康堤那样冷淡缥缈。可以说，在法国新浪潮的电影巨匠中，他是最有逻辑而能令人感动的一位。如果我们把楚浮的电影归类为艺术作品，那么他的电影是那个时代的大师中最能被大众欣赏的。

其次，楚浮叛逆的青少年时代，以及终其一生的孤独，使他的电影中有一种锐利的气质，很能安慰那些不合时宜的少年的心。我常觉得，凡是从事创作，不论是绘画、文学、音乐，或电影，创作者多少总要有些叛逆、孤独、锐利的气质，否则难以成其大，这也是为什么学院和官方无法培育出大创作者的原因。

楚浮没有受什么教育（更不用说电影教育了），可是他的电影里毫不避讳他在童年时代的孤单不快乐和少年时代被送进感化院那种悲哀的心情。因此，他在《生命中最好的或最坏的冒险》中说道：

“关于我的父母，我把他们当作碰巧是我爹、我娘的人类，跟陌生人没什么两样。

“我不相信友谊，也对和平感到怀疑。

“对于耶诞与生日这类的重大日子，只让我觉得无趣与失望，战争和那些打仗的白痴，都令我心寒。

“热衷于工作的人，并不代表他懂得生活。”

楚浮是属于“早慧”的那种人，过于早熟也使他的电影总会流露出几许沧桑，但也唯有欧洲社会的多元环境才有机会孕育出后来的楚浮，使他的叛逆从电影中找到出路。如果楚浮生在以升学、学历为导向的台湾社会，后来的发展就令人担心了。

其三，楚浮的时代，正好是第二次世界大战结束后不久，电影虽然热门，也有了广大的市场，但电影导演都还是很单纯的。他们以十分含蓄的方式来表现人间的爱恨情仇，没有血腥的暴力与俗腻的色情，却依然感人至深。可见写情欲的炽热或人性的残忍，并不一定要赤裸裸，有时含蓄的态度正好展现了艺术家的高度呢！

曾几何时，我们如果想找到一部不含暴力与色情的电影，已经变得非常困难了。但电影的艺术成就，是不是就高于从前的大师呢？答案是可疑的。因此，我们格外怀念楚浮，还有那个时代艺术家的存心[①]。

当我们的电影、电视、报章杂志等媒体日益走向色情化、暴力化的同时，整个世界也逐渐陷入暴力的混乱与色情的低俗。这里面媒体扮演了非常关键的角色。作为社会良知的艺术分子有没有觉察呢？

生命短暂、楚楚浮生，在楚浮逝世十周年的今天，我们也时常仰望天空，在蓝天白云中悠游；当我们再度低头平视时，一样是面对糟透的世界。

在糟透、吵透、乱透的世界，艺术创作者的角色更为明晰。是不是能为世间保存一丝清明与希望呢？我这样问着。

---

① 存心：此处是专心、用心的意思。

漂泊的理由

今天的台湾应该发起一个“高品质运动”。

在社会上追求高品质，创建富而好礼的社会；

在生活上追求高品质，洗刷暴发户、贪婪之岛的耻辱；

在教育上也追求高品质，使孩子能真正地得到启发，成为心灵开放、思想活泼、身体健康、视野宽阔的人。

一些移民到加拿大的朋友来看我，多是我去年到美加地区巡回演讲认识的朋友。

说他们“移民到加拿大”也不精确，因为他们的事业重心都还在台湾，大部分时间也住在台湾，而且都是很爱台湾的人。但是，他们的太太和孩子都留在加拿大，为的是希望孩子在加拿大的教育体制下，能有更好的发展。

在过去，移民是令人高兴的事，到如今，却成为令人痛苦的选择。那么，到底是什么动机触发了移民潮呢？

一个朋友说：“还不是为了下一代吗？实在不愿意眼见自己的孩子在国中、高中的六年中饱受折磨，志气消磨殆尽，即使考上大学，弹性与创造力也都失去了。”

另一个朋友说：“我的孩子要移民前一直吵着不肯去，因为他在这里有很多朋友，但去了三个月以后，要劝他回来也不肯回来了。说真的，我们不只是教育课程或联考的问题，整个教育方法也是有问题的。”

“唉！如果不是孩子的教育问题，谁愿意这样两头跑呢？”一个朋友说。

于是，谈话时情绪都陷入低潮，因为我们都知道，移民的小留学生也有各种问题，例如适应问题、亲子问题、归属问题等等，一样充满了挑战。

我们的共同疑惑是：既然大家都知道台湾的教育体制与教育方法有问题，使学生、家长、老师都充满了压力和痛苦，为什么我们不改成像西方一样，让孩子在自由、开放、多元、快乐的气氛下成长，一定要固守这种压抑、闭锁、僵化、痛苦的教育形式呢？

要说只有联考制度是公平的，那么西方欧美的制度是不是就不公平呢？

要说我们这种制度可以培养人才，为什么我们的人才总是留学欧美才有成就？

要说台湾当局各级官员不了解现今教育的弊病和欧美教育的优点，那也不可能，因为现在在台面上的台湾当局官员，哪一个没有受过欧美的教育呢？

至于教育百病丛生，台湾当局又不肯大刀阔斧地改革，只能说是贪官恋栈，害怕承担失败罢了。

为什么不把教育体制改成更合理、更有希望的形式呢？

从前的老移民为了追求黄金梦、寻找安定的生活而出离家国，现在的新移民则是为了逃避教育的苦难折磨而远走他乡，在本质上已经大有不同。因为战乱与贫穷是无以选择的，是不得不然的，可是教育的形式、体制却是可以选择的，是操之在我的。

假如我们把“教育的逃难”弄得像“战乱的逃难”一样无可奈何，实在是非常可悲的。

我时常在想，今天的台湾应该发起一个“高品质运动”。在社会上追求高品质，创建富而好礼的社会；在生活上追求高品质，洗刷暴发户、贪婪之岛的耻辱；在教育上也追求高品质，彻底革除教材保守、形式僵化、取材一元、方法填鸭的种种弊病，使孩子能真正地得到启发，成为心灵开放、思想活泼、身体健康、视野宽阔的人。

为国难而漂泊，是令人同情的；为不能受好教育而漂泊，则令人耻辱。

那些尚未漂泊的人，只是还没有准备好，或者没有足够的金钱，以及一些极少数爱乡爱土的顽固分子。如果真是如此，台湾的前景又在哪里呢？

阿信的神话

说来也巧，电视台正好三台，台湾大的政党也正好三党，不满意的人可以轮流看，也可以转台。

日本的老旧连续剧《阿信》一上电视的八点档，立刻抢下收视第一的宝座，电视圈的人又诧异又不解。

其实一点也不奇怪，《阿信》确实比其他号称“侠义”的两台讲人性、有内容，好看，而且令人感动。

反过来看我们的传统八点档，前面几集总是拼尽全力、大洒狗血。如果收视不佳，就不管死活，草草结束；假如万一收视率高一点，就昏沉拖拉，正应了一句老话——“歹戏会拖场”，一直要演到收视率又下降，观众倒尽胃口才停止。

表面上最重视“收视率”的电视台，骨子里却最不重视观众的感受和权益。许多观众都渴望在八点档能看到有头有尾、诚心制作的电视剧，但是多年来并没有任何改变，才会导致美国来的《超人》和日本来的《阿信》随便三两下拳脚就把八点档打得哇哇叫。大家不要忘了，这都是人家十年前的戏码，而且台湾也有很多人看过了，可见我们的八点档连续剧早就应该痛定思痛地反省了。

我不像一般观众那样渴望在八点档看到好戏，我希望根本废除八点档。我觉得现有的卡通片、儿童剧、新闻节目、闽南语片集，甚至综艺节目、《天天开心》……任何一个节目放在八点档都会好看得多。

连续剧是永远不会有好戏的，因为它在乎的不是戏，在乎的是广告收益（收视率正是为此而设）；它在乎的不是创造，而是高潮（连续剧与观众的关系，说得粗鲁点，正是情侣之间只有性没有爱情的关系）。因此，看八点档连续剧的正常公式是新鲜→期待→兴奋→失望→疲累→咒骂。当咒骂期开始，也正是连续剧换档的时候了。

所以，《阿信》打倒其他的连续剧，并不是神话，光是看日本人做连续剧的诚意，一般观众立刻就竖旗投降了。

唯一可以与八点档乏善可陈的剧情相提并论的，大概是政情了。

“立法院”的核四预算通过，草草了结，甚至连举手的有几人都不知道，真是荒天下之大唐。全民健保勉强三读，却看不出一点台湾当局的诚意。整整一个月没有“行政院”院长的消息，不知道是不是“收视率下跌，被电视台冷藏了”？

“执政党”的“省市长”人选，更是“歹戏会拖场”，看得人一头雾水，每十五分钟广告时间要到，就临时来一个高潮。男主角在上一场戏信誓旦旦，赌咒“即使台湾只剩一个阿里山，也要取得屠龙宝刀”，下一场则因当不成教主，在冰火岛中退隐江湖了。

另一个男主角，先是英雄流泪，上一场戏还在呜咽，下一场戏则“谈笑间，樯橹灰飞烟灭”，再下一场则是“倚天剑与屠龙刀合而为一，号令天下，谁与争锋”了。最好看的莫过于叱咤一时的天下英雄，忽而向东忽而向西，不知道要跟随情义双全的张无忌，还是权谋突出的朱元璋？

“省长”选举的大戏总还有个角色，台北市“市长”的戏码则因为几个有票房的明星都意愿不高，头痛甚久。“白马王子”说他对这出戏根本不感兴趣；“财经明星”说他一向不演连续剧；“一匹黑马”说剧本不是很合适，只有两分的演出意愿。

最后，因为档期的缘故，匆促定角，推出了收视率从来没有超过百分之二十的明星。

消息一发布，听说连续剧还没有上档，就有许多人准备转台了。

心满满，认为洒一点狗血、弄一点刀光剑影、弄一点哭得死去活来的爱情戏、搞一些豪族斗争的权谋，观众就会守着电视机不放。其实，戏如果不好看，观众并不会做“死忠的部队”，大家一定会转台的。

说来也巧，电视台正好三台，台湾大的政党也正好三党，不满意的人可以轮流看，也可以转台。

观众的需求和选民的需求一样简单，要看讲逻辑的、有格调的、有诚意的那一台。

《阿信》并不是神话。烂戏的下场就是那样的。

孝　子

一个人只要实践孝顺之道，纵使不能成大功、立大业，也一定不会成为社会的负面因素。我们这一代的人，只要是真心孝养父母，就会发现我们的下一代逐渐在失去孝道的精神。

当吴修齐文教基金会通知我，我已经被推选为第一届“杰出孝子奖”的得奖人时，我对通知我的人表示愧不敢当，因为这个社会比我杰出和孝顺的人一定很多，我得这个奖实在是太惭愧了。

他说：“林先生不用太客气，我们的评审过程很慎重，评审委员有林洋港、李国鼎、王玉云、陈奇禄、李远哲、郭为藩、梁国树、吴丰山，经过一再讨论，非常公正客观，一点也不侥幸呢！”

我听到这些名字，立刻就肃然起敬，再婉拒就有点不好意思，便勉为其难地接受了。

但是，在我的心里一种沉重的感觉油然而生。孝顺父母本来是天经地义的事，唯恐做得不够，现在稍微有一点孝顺的人，竟然就要接受表扬，那表示我们的社会孝道早就沦落了。

我想到在我很年幼的时候，时常看到乡人之间的“白帖子”，帖子后面都会印着一长排“孝子”“孝女”的名字。我总是想，他们是不是都很孝顺呢？每次随父母到山上去扫墓，看到墓碑上也都刻着“孝子”“孝女”,以至于有一段时间我误会凡是父母去世的人,都称为“孝子”“孝女”，他们是不是孝顺反倒不论了。

从这里，也可以看到“孝”是中国文化里很重要的精神。我们可以说，一个人只要实践孝顺之道，纵使不能成大功、立大业，也一定不会成为社会的负面因素，因为真正奉行孝道的人，绝不会使父母伤心、难过的。

孝顺在从前是自然的事，所以昔日的乡村，很少会谈论“某人很孝顺”的话题,常常听到批评“某人很不孝”的话语。到近几年,批评不孝的言语少了,只要出现几个孝顺的人,我们就会谈论、歌颂,甚至颁奖了。

我们这一代的人，只要是真心孝养父母，就会发现我们的下一代逐渐在失去孝道的精神。孝道的失落当然是经纬万端，我认为有两个重大的关键。

一是生活基本教育的沦落。我们的孩子花太多时间在读书考试上，升学竞争又如此激烈，使得家长和老师几乎没有多余的时间、空间、精神来传授生活的教育。更有甚者，家长忙于营生，孩子忙于考试，见面、沟通的机会几乎没有，缺乏深刻的感情与了解。等到父母年迈、孩子成长，相互之间连最基本的感情都没有，如何能孝顺呢？

二是西方文化的侵蚀。西方文化流入台湾是不可避免的事，电影、电视、歌曲、报章、杂志，几乎是无孔不入。西方文化固有可取之道，不可取的也很多，例如色情、暴力、毒品、变态行为等，透过传播媒体，几乎把全世界害惨了。单是孝道一例，西方从小不叫爸妈、直呼姓名的很多，也没有奉养父母的习惯，因此老人家晚年凄惨、老死于疗养院的很多。

前不久，前美国总统的爱女出版自传，把自己的父母写得一无是处，不但没有被谴责，还被视为是言论自由，书籍大卖特卖。流行歌星迈克尔·杰克逊出版传记，大爆父亲的隐私，谈到被父亲暴力虐待的经过，迈克尔的姊姊拉脱雅也把父母亲说得一无是处。

在书籍中诋毁、丑化、评述自己的父母亲，几乎是西方社会的常见现象，这种现象也逐渐在东方世界发酵了，不只是叫父亲太沉重，连叫母亲也太沉重了。

在得到“孝子奖”的当天，得台湾地区的领导人召见。他也说到西方文化的不良影响，还有对新新人类失去传统思想的忧心。

世界马上要迈入二十一世纪，文化的接触，只有益加频繁，人类也将更趋于“共相”，再过十年可能没有东西方的界限了，我们又如何能保有“孝道”这样特殊的伦理精华呢？

我想，对民族文化的信心重建是不可少的，然后多一点生活的教育，我们一切的好精神，千万不要在考试中迷失呀！

只在墓碑上做孝子，那是非常可悲的！要在生活中做孝子，父母才能有真正的幸福，孩子才会有未来（因为，孩子日后也会是孩子的父母）。

玫瑰都很娇小

回头来看汉赋、唐诗、宋词、元曲、明清小说，会发现凡是流传的经典之作，文字都不“新奇炫目”，由此可以知道，创作的真正成就并不在文字。

读余光中教授的新书《从徐霞客到梵谷》，里面有几篇关于中文危机的问题，读了心有戚戚焉。

余教授提到的两个观点特别令人痛心，一是“半个世纪以来，盘踞在教科书、散文选、新文学史上的，被容易满足的人奉为经典之作、模范之文的，一赞而再赞的，是二十年代几篇未尽成熟，甚或颇为青涩的‘少作’。这真是所谓新文学的一则神话”。

这一点，在我们的国文教科书里格外严重，如果比较细心的家长，会发现三十年前的教科书和现在我们孩子读的教科书，改变或进步是很少的。也就是说，在国文教科书里充斥的“范文”，不只是观念保守、老旧，文笔、结构等也都跟不上时代了。

我们一方面希望孩子有文学的心，也很担忧文学的没落；一方面却给孩子那些营养成分不良的文学。余教授说：“民初作家年轻时用青涩的白话文写出来的不很成熟的作品，值得全国青年当作经典范文，日习而夜诵吗？”“民初的那些名作，以白话文而书，每有不顺、不妥，甚至不通的句子。要说这样的文笔就能成名成家，那今日的台湾至少有五百位散文作者成得了家。”

读这些国文教科书，有时不免令人怀疑“国立”编译馆诸先生的国文程度。如果不是国文程度不佳，就是实在太懒了，三十年来几乎没有做过什么事。

另一个令人忧心的观点，就是中文的程度普遍退化，这种退化来自“中文西化”的问题，由于西化过度，竟然会出现“玫瑰们都很娇小”的句子。西化久了，连专业使用文字的人，像作家和记者，甚至评论家，都变成“文字不通”的人。想想看，一般人在书籍、媒体、评论中看到的中文都不通，他们怎么会有更好的文字能力呢？

中文西化的问题严重，更严重的是“故意的不通”，也就是作家原来可以写通畅的文字，为了新奇炫目，故意扭曲语言文字，到最后，读者只看到那些文字的畸变，完全失去感情了。

“文字”与“感情”在文学的天平上，是处于什么样的平衡点呢？完全不扭曲中文的流畅，是不是也能达到文学的高境界呢？我们回头来看汉赋、唐诗、宋词、元曲、明清小说，会发现凡是流传的经典之作，文字都不“新奇炫目”，由此可以知道，创作的真正成就并不在文字。

自从西方的现代主义流行，不只文学受到影响，连美术、音乐、电影的“语法”都受到冲击。这种冲击不能说全是坏的，但有一个最坏的影响是，大大提高“形式”的价值，故意忽视“内容”的重要，到最后，创作者把心力都放在形式上，故意忽视内容与情感，使得许多号称“现代的作品”看起来像头小帽子大的怪物。

要使文学提升的方法不胜枚举，最根本的方法便是恢复文学的感动力，而文学的感动力来自内容与文字，而不是来自结构和形式。

我很赞同余教授的说法：“中文发展了好几千年，从清通到高妙，自有千锤百炼的一套常态。谁要是不知常态为何物而贸然自习为求变，其结果也许只是献拙，而非生巧。变化之妙，要有常态衬托才显得出来。一旦常态不存，余下的只是乱，不是变了。”

从事文学的人，最容易生起骄傲的心。因于这种骄傲，往往会失去自觉自省，到后来，自以为站在“一切的峰顶”，其实是在地下室里喃喃自语。

这正是为什么我们放眼望去，看到文学界的玫瑰都很娇小的缘故了。

要使玫瑰盛开、要改良玫瑰的品种，绝不是在花朵上着力，这一点，应该是很容易理解的吧！

飘扬的旗帜

我们不只希望经济能转型，迈向高品质社会，也愿选战能转型，迈向高品质的问政之路。

我每天散步的时候，都会经过几座人行陆桥，发现最近的陆桥变得艳丽而多姿了。

由于“市长”“市议员”候选人争相插旗，陆桥上飘扬着红、绿、黄各党派的旗帜，简直到间不容发的地步。我时常站在陆桥上，旗帜荡荡之中，俯望着桥下奔驰流动的车辆，想到：选举真的需要浪费这么多的资源吗？即使只是插旗，这次台湾选举所耗费的成本，恐怕已达数亿之多（听说宋楚瑜和陈定南花在旗帜上的经费已各高达一亿以上），如果这些金钱可以减省，不仅对候选人有利，对整个社会一定都有帮助。

台湾“中央研究院”院长李远哲，就会感慨地说，整个社会在选举中的付出过大，达到美国的五十倍，对于下一代是一个不良的教育示范。

试想：选举不论大小，动辄千万上亿，必然会阻断许多对社会有热情、有理想、肯奉献的青年从政之路，到最后，小自乡镇民代表，大至“省市长”，都是钱财滚滚，右手政权、左手金钱，要真能谦卑地为人民就变得很困难了。

或曰，可以用各种方式募款，譬如发行纪念券、邮政划拨、卖书卖录音带、举行义卖和募款餐会等等。可是，不论任何的募款方式都有两个被忽略的盲点，一是难道那募来的款项不是民脂民膏吗？募来的款项是不是全用于选举事务呢？如果无止境地浪费，对得起捐款的小老百姓吗？二是现代的候选人几乎不用自己的钱竞选，上有政党资源，下有百姓捐助，选胜了固然蒸蒸日上，选败了也是“死道友，不死贫道”，自己毫无实质损失，依然可过富裕优哉的生活，这是为什么有那么多人前仆后继的原因。

为了筹募更庞大的竞选经费，官商勾结、工程弊案，乃至包娼包赌，就无所不为了。

因此，今天要防止贿选，要有干净的选举，不能在司法外围打游击，而是要减少选举的花费。台湾地区的《公职人员选举罢免法》虽然对此有所规定，执行上却窒碍难行，那是整个环境、制度、观点使然。

不知道大家有没有发现，选举虽然不时举行，但基本形式并没有多大改变，与三十年前一样，候选人一定要挥旗帜、宣传车、发文宣、游街拜票、举办政见会等等，每一样几乎都是“手工”方式。这不免引起我们新的思考：社会形貌、信息传播，三十年的变化何等巨大，为什么独独竞选一事没有随社会而转变呢？如果我们能把形式大幅度改变，转化竞选的“手工业”，一定能减少许多社会成本。

像今年的电视公办政见和电视辩论会，就是很好的转化，可惜有的候选人不肯参加电视辩论，而公办电视政见会的时间太短，无法取代传统的政见表达。

假设，在竞选期间（特别是大型选举），我们可以让三台每天播出三小时的政见，使每一位候选人都能畅所欲言，不但他们的理念可以清晰表达，也可以减少旗帜、文宣、街头政见会的成本。

假设，说不定可以用一个公共的频道，平等对待每一位候选人，播出他们的政党广告、政见广告，把群众的注意力从街头转移，减少群众为了竞选而狂热的社会成本。

假设，各报纸杂志不分党派，以低廉的价格提供竞选者的广告，这样，候选人就不必花太多金钱制造竞选垃圾（几乎所有的文宣品都没有任何保留的价值）。

当然，如果要完全转移目前的竞选方式，几乎是非常困难，也是不必要的。只是能大量减少旗帜、文宣的制造，减少餐风饮露的私办政见会，使竞选活动转型，符合第三波信息社会的形貌，我想对社会、对群众、对候选人都是有帮助的。

试着想想看，假如有一位非常优秀的人才，他既没有金钱，也没有政党的背景，却想要服务人民、投入公职的竞选。以目前的竞选方式，几乎是毫无机会的，因为他既没有钱做旗子、印文宣，也没有钱设竞选总部和办政见会，那么社会有没有给他公平的对待呢？

在满街、满路，甚至满山、满树的竞选旗海中想这些，就多么渴望着，我们不只政治要清廉，连竞选活动都要勤俭；我们不只希望经济能转型，迈向高品质社会，也愿选战能转型，迈向高品质的问政之路。

既然今后的社会，年年都要选举，若是无法以平常心看待之，每逢选举就有一批人伤痕累累、倾家荡产，那么，频繁的选举可能不是社会之福，而是社会之祸了。

第一个永恒

只有生活中有留白的位置，我们才可能有尊严、有自由呀！

如果样样都要一穷二白，时时都要选边站，人生又有什么余韵与趣味呢？

如果样样都要一穷二白，时时都要选边站，人生又有什么余韵与趣味呢？

窗外的竞选宣传车把麦克风的音量开到极限，在夜色中呼号奔走；窗内琼瑶连续剧里的演员跑来跑去、打来打去、极力哭号。这两种声音如此类似，使我产生一种荒诞之感。

套用《两个永恒》主题曲中的一句歌词“天上的新月如钩，地上的烟锁重楼”，我们或者可以说：“窗外的人生如戏，窗内的戏如人生。”窗外的候选人平常没有如此卖力，只有选举上档时才卖力表演，不正是人生如戏吗？大部分候选人的性格改变了，犀利的变温和、木讷的变雄辩、斯文的变狂野，不正是一种最好的表演吗？

窗内的戏哭喊大闹、离奇难解，虽然不是平常的人生际遇，却使我们相信在某一个时代某一个角落，说不定真有那样激情、热情、煽情、滥情的故事呢。如果我们去听私办的政见会，将能了解许多离奇的、煽情的可能。政治舞台既如此出人意料，戏台上怪异一些，又有什么意外呢？

表现虽有意外，逻辑却是可循的。琼瑶的连续剧在质量制作上确实高过一般的连续剧，但最大的问题是“说得太白”，什么心里的话一定要掏心扒肝地道尽。什么爱一定要“你是我的神，你是我的主宰，你是我的太阳”，像做广告一样的表白；什么恨一定要哭、叫、打、踢地侵凌到底。

在琼瑶的戏里几乎是没有“想象空间”的，作者、演员、观众全是赤裸裸地在那里碰撞。虽然感情脆弱的观众泪眼涟涟，但喜欢保留情感空间的人，就不免鸡皮疙瘩掉满地了。本来应是悲剧的情节，由于没有空间，变成了“笑闹剧”，随时令人笑场；本来是欢笑的片段，由于没有空间，也就变得浅俗了。

其实，也不能光是批评琼瑶。电视剧由于竞争激烈、迷信收视率，已经被逼到完全没有空间的角落了，失去了留白的境界，赤裸裸的电视剧集，在艺术上可以说是死路一条了。

不能留白不只是电视的问题，也是台湾社会普遍的病灶了。

社会赤裸裸地追求财货，不论政治人物或财团企业家，或是平凡百姓，都是不顾良知与廉耻地谋财贪取，逼使道德与品格完全失去空间。

教育赤裸裸地追求升学。不论学校、家长、学生、教育官员，都以升学为教育的动机、手段和目的；身教与言教、经师与人师都失去空间，学历的提升与人格的堕落成为两极，真是可悲可叹。

政治更赤裸裸，由于媒体的聚光灯都是聚焦于政治人物，使政客们普遍有一种狂妄的气焰，自以为天纵英明，不可一世，殊不知政治人物的一切都是人民赋予的，他们领的薪水、他们的锦衣玉食，都是人民血汗的纳税。如果有这样的认识，政治家应该更谦卑、更朴素、更诚笃，如今竟反其道而行，仿佛人民要听其号令，欲统即统、欲独即独，为什么不能俯首来听取人民的声音呢？

不只高高在上的政治人物是那么赤裸裸的，每到选举，小老百姓也是赤裸裸的，简直不留给别人一点空间。不论在何时何地，都有人希望我们作政治的表态，凡是信念不同的，就扯旗、谩骂、殴打，甚至连坐出租车都不得安宁，运匠们似乎受赤裸的政风感染，人人都像豪猪一样。

本来,政治的表态是人之常情,可是如果弄到失去生活的空间、没有隐私的自由、不顾服务的品质，那就本末颠倒了。我们的选票不正是为了人的品质、人的自由、人的空间而存在的吗?

最重要的是空间，只有生活中有留白的位置，我们才可能有尊严、有自由呀!

如果我们把自由、平等、博爱当成民主政治的三个永恒，“自由”里最重要的是空间，有空间才有包容、宽恕、谅解。空间与自由才是最重要的一个永恒，否则平等、博爱就岌岌难至了。

中国的艺术、文明、生命追求，到了最高的境界都是“留白”，不论政坛、戏台、人生舞台都不例外。如果样样都要一穷二白，时时都要选边站，人生又有什么余韵与趣味呢?

李远哲先生曾呼吁，我们应该“淡化”政治人物的重要性，让社会各行各业的人出头，台湾社会才能正常地发展。

大哉斯书! “淡化”了的政治人物也就有了空间，说不定可以减少作秀的时间和精力，免得人人变成“阿达一族”，反而有益于国计民生呢!

河水向前流

心存读者，以“众人之心”写作的人，也会写出好作品，完全不管读者的写作者也可能写出烂作品。

几乎每隔一阵子，就有媒体要来访问我，我总是试图拒绝，万不得已才接受访问。我拒绝媒体的采访，是由于写文章需要很多的时间和心力，演讲的行程也排得很满。另外的原因则是，媒体的问题同质性太高，一说再说，实在没什么意思。

例如说“畅销书”好了。很多人都好奇我的书为什么畅销、我对畅销书的看法如何、作为一个畅销书作者的心情怎么样。

其实，答案很简单。我并不知道写畅销书的秘法，如果知道，廿年前我就写畅销书了。虽然不知写畅销书的秘法，不过作为畅销书作者是很开心的。

我对畅销书的看法？当然现今的台湾，在文学界有一种怪现象，有一些从来就卖不出去书籍的教授、评论家很看不起畅销书，好像充满仇恨的样子。

这真的很奇怪，就好比有两家毗邻的餐厅，一家生意兴隆，一家门可罗雀。生意兴隆的餐厅大概会有几个特色，就像用料实在、食物新鲜、服务诚恳、厨艺高超等等，所有的人都宁可到这种餐厅吃。门可罗雀的餐馆主人当然心里不是滋味，但他通常不会检讨自己的菜色、口味或服务，反而骂生意好的餐厅没水平，顾客没有品味。

正巧门可罗雀的餐厅老板闲得发慌，或在报纸杂志的“开味版”“读菜版”写专栏,使人误以为没有人吃的菜才是主流、才有创意。

这真的真的很奇怪。在政治上，我们投票给贤能的人；在经济上，我们支持大的公司和好的品牌；看电影，我们选择排长龙的电影；吃饭，我们找生意好的餐厅。为什么独独出版书籍、文学，畅销的书就没水平呢?

还有更奇怪的，那些闲得发慌的评论家，出书的时候到处演讲促销、刊登广告，为什么他们一边批评畅销书，一边又梦想着自己的书畅销呢?

媒体问完了畅销书，大概会问：那么，你写作的时候会不会顾虑市场、想到读者的问题?

这时我就会反问：市场要怎么顾虑? 又怎么去想读者呢? 如果这样东思西想的，怎么来写文章呢?

市场与读者都是自然形成的，一个作家在写作的时候，很难思考得那么繁复。而且，当我们认为读者是“可预测”“可拿捏”“可操控”的时候，就已经失去最基本的诚意了。

我的意思并不是说，一个作家可以超然站立于读者之上，而是说一本书会不会被读者接受是相对的，而不是绝对的。很注意读者与市场的作家不一定会畅销，完全不注重读者与市场的作家也可能会畅销；一时畅销的作家不一定会永久畅销，一时滞销的作家也不见得永久滞销。

话又说回来，心存读者也不是什么坏事。心存读者，以“众人之心”写作的人，也会写出好作品，完全不管读者的写作者也可能写出烂作品。

因此，畅销、市场、读者都是中性的、相对的，若以此来评论一本书或一个作家的好坏和成就，常常会产生很大的偏颇。

写作二十几年来，我时常感觉社会、评论家、媒体对作家的兴趣不是来自作品，而是来自许多周边的事物。

因此，我们会看到从来不写作，或作品很少的人，每天都以感叹文学没落为职志；许多可以写作的人因写作牟利少，都纷纷去主持电视、广播，空挂着作家的名衔；作品水平很差的人，经常在大谈文学性、纯粹性；许多常常参加活动、台面上的作家，都是很久很久没有作品发表了。

其实，一个作家真正的价值就是他的作品。当我们离开作品作评价的时候，就是一种扭曲、一种偏见！

就如同一条河，作家的作品只是向前流去，读者、市场、畅销只是河岸的花树风景，不论风景如何变幻，河流总是要不停地向前流去。

只可惜站在河边的人，往往看不见河水呀！

企业家的梦

经营者最重要的是经营的本质，而经营本质的掌握不是用“想”的，而是用“感受”的。

他因为出身贫寒，坚持企业主和员工一样都只是“平凡的人”，因此企业主应该不耻下问、广纳建言，对于每位为公司出力的员工，要心存感激。

他因为出身贫寒，坚持企业主和员工一样都只是“平凡的人”，因此企业主应该不耻下问、广纳建言，对于每位为公司出力的员工，要心存感激。

终战后，短短数十年间，日本成为世界公认的超强经济大国。

日本人擅长谈判和做生意，这是大家都十分了解的。但是日本人在经营企业上独到的理念、哲学却非一般人所能了解。

谈到日本经营企业的理念和哲学，就不能忽略被称为“日本经营之神”的松下幸之助。

松下幸之助出身贫寒，从学徒做起，几乎没有受过任何经营企业的教育，可是他把日本传统精神运用于企业经营，却创造了辉煌的成功。到他晚年的时候，他统辖的松下企业，每年的营收超过许多第三世界国家政府的总预算。

说松下幸之助统辖的企业是一个王国，一点也不为过，但这个王国的治国纲领又是什么呢？

在日本，研究松下幸之助的书早已汗牛充栋，新的出版品还在继续上市。我每次读到松下幸之助的思想和哲理，都会得到感动与启发。几乎凡是接近过松下幸之助的人，都在他的理念熏陶中受益匪浅。在他的手下也诞生了不少新一代的大商人，他真不愧是“经营之神”。

最近读到江口克彦著作的《经营秘传》，是江口克彦在松下幸之助身边工作二十二年所写的经营启示。

正如江口克彦说的，经营者最重要的是经营的本质，而经营本质的掌握不是用“想”的，而是用“感受”的。因此，这本书和其他经营书籍最大的不同，是用感受写成的。

江口克彦把他从松下幸之助的教诲中所感受的经营理念，浓缩为一天的时光，从上午十点去拜访松下幸之助的早晨开始写起，一直到下午五点黄昏时分他告辞了“先生”为止。整个写作形式是非常文学与感性的，所以读起来趣味盎然。

以感性的方式来记载松下幸之助的经营秘传是很恰当的，因为他的许多经营灵感是来自生活的启示。

例如，松下认为经营者要有使命感。那是有一次他去参观某个宗教团体的总部，发现整个教区看不到一粒灰尘，而且大家都在拼命工作。人们对于没有酬劳的义务工作竟比有酬劳的工作还要认真，他感到惊讶，后来才想通了——做生意没有使命感，而宗教却具有济世救人的大使命感。因此，一个没有使命感的企业家，就不可能强而有力地经营企业。

例如，他从庭院中的各种各样的植物体会到，一个企业一定也要有各种各样的人才，能包容各种人才的企业才会大展宏图。他说："这个世界若只有蔷薇一种花，那未免太单调了。有蔷薇，有樱花，有百合，有菊花，每种花都各有特色，各自努力地展现风姿，这才有意思哪！"

例如，他认为公司也应该遵循自然法则，不刚愎自用、不强求，顺其自然，事业一定会顺利。不景气也不是坏事，反而是求之不得的事，只要顺应自然，就可以无所畏惧。他说："战争中，箭如雨下，可是在同一个地方的将军，有的会被射中，有的却不会被射中。我大概就是那个不会被射中的吧！"

松下幸之助在企业经营上，有许多非凡的创见，就像社会上，或一般企业常说的“为了全体，必须牺牲个人”。他很反对这个观念，他认为“全体也是为个人存在的”，因此，个人与社会应该并存，两方面都不可以被牺牲。

还有，他因为出身贫寒，坚持企业主和员工一样都只是“平凡的人”，因此企业主应该不耻下问、广纳建言，对于每位为公司出力的员工，要心存感激。“每一位员工都得当他是工作的主宰者，当他是个了不起的存在，相信他具有强大的力量。”

松下幸之助认为美国人的品质管理也大有问题，因为他们只定出一套固定的方法，而忽略了人与人之间互相的帮忙、体谅和鼓励。“日本人不只是有形的事，连无形的事都做到了。”

我觉得松下幸之助最可贵的，是他一直到垂暮之年，还保有许多梦想。他一直希望日本成为“无税国家”，主张废除国家预算的单年度制，把国家当成公司来经营，改成公司的会计制度，就不会为了消化预算，浪费财富。

他的第一个梦想是——

如果预算留下百分之一，每个单位都留下百分之一，那就等于是总预算留下百分之一。总预算如果以六兆日币来算，其百分之一也就是六千亿。每年留下六千亿，存进银行年息为百分之六的复利。

这不是很好的运用吗？这么一来，百年后不就成了三千两百一十二兆日元，光利息就高达一百九十三兆日元。以后不论钱币是否贬值、国家预算是否增加，光凭利息就足可应付国家预算。那还要什么税金？根本就不需要人民缴税，甚至因为利息太多而必须分配给人民也说不定，到时候不但不必交税，还可以向日本政府领钱。

他的第二个梦想是“创造新的国土”。由于日本地小人稠，将来一定会面临土地不足的困境，那时土地价格就会暴涨、侵蚀民心。土地不足也会使道路狭窄、寸步难行，甚至连粮食都不足以供需。他主张利用“移山填海”来创造国土，理想的是在两百年间，使日本增加一倍以上的国土。

他的第三个梦想是确立日本的国策方针，使日本成为一个有风范、有理想的国家。他希望日本改变国家形象、为自己的言行负责、将爱心扩及世界各个角落。

最后，他还希望能培养政治家的人类观，将来能不断出现为日本及世界和平、幸福、繁荣有所贡献的真正政治家。

我们读到了一个大企业家潜藏的梦想，再回来想想台湾的情景。台湾的实力虽不及日本，但在政治、政策、土地、税收方面的困境与日本也有相通之处。读到松下幸之助的宏论，令人觉得他的梦想说不定台湾也可以实现呢！

在近代日本，松下幸之助有着像神一样的地位，那不是偶然的。他与一般企业家不同，他有开阔宏伟的视野，他对人有真正的爱，他有坚强的使命感，他不把企业独立于社会之外，他坚信传统、自然、道德价值。因此，他的思想、信念不是为企业家或经营者而存在的，一般人也可以在他的哲学里得到很好的省察与启发。

这也是《经营秘传》值得我们深思的所在。

当江口克彦告辞的时候，松下幸之助对他说——

不管是谁，只要能懂得随时反省，一定都会成功。当然要能真正地反省才行。因为懂得反省就知道下一步该做什么，哪些事是绝不能做的。人就是要这样才能成长、成熟。

如果任何事都不肯反省，过去的事不论对错都不再作评估，则再多的过去都没办法成为下次做事时的借镜，以后还是不知道该怎么做才好。结果是，每次都做同样的事，同样的错误也不断地重复出现。

好的地方继续保留，不好的地方想办法改掉。人不就是这样在成长吗?

懂得反省自然就会生出感恩之念。

“哪次要不是谁的帮忙”，“哪次多亏了谁”，“还好能大事化小，这都多亏了谁”等等，就是这种感恩之心。

最近大家似乎都逐渐忘了这种感谢、报恩之心。不光是别人，连我都感觉到自己的感恩之心还不够。

总之，彼此相互反省，心存感恩之念，这点一定要做到才行。大家要是都能有这种心，世界会变得更好。

读到这里，我不禁叹息。台湾有许多富可敌国的政客，也有许多名列世界前十的大财阀，他们的财富都是取之社会与平民，是不是也会有反省之念、感恩之心呢？台湾是不是会更好呢？

西方天空的“慧”星

我时常觉得，伟大的思想者有如黑夜草原上空的星星，光芒互相交错，不只是引导在草原上行走的人，也在安慰那些向往草原的人。

为了让我们的心灵打开新的局面，何妨一起到草原、到高原去看星星呢！

为了让我们的心灵打开新的局面，何妨一起到草原、到高原去看星星呢？

在我的青年时代，我曾经非常热爱哲学，不，也许应该说喜欢哲学家，进而喜爱他们的思想。

当时令我非常困惑的有两个问题，一是哲学虽是最有逻辑、最理性、最思辨的，哲学家却很感情用事，有的生平事迹一团糟，有的连夫妻的情感都无法处理。二是哲学家的思想虽然影响广大、流传后世，而许多哲学家却是孤独且不近人情的，甚至常使我们生起这样的感慨：世上可有一位和蔼的、正常的哲学家吗？但是答案可能是：和蔼、正常的人根本不会是哲学家。

然而，喜欢哲学的人最可能遇到的困惑还不是这些，而是哲学的著作通常有庞大的倾向，哲学思想也极为浩瀚，除非专攻哲学的人，一般人根本没有时间和体力把几个哲学家搞通，更不用说哲学的思想系统了。

一个平常人又如何成为一个哲学家呢？其中的关键机制何在？假如我们也想成为哲学家，又必须有哪些特质呢？

傅佩荣教授认为：“一个人要想成为哲学家，第一个条件就是在方法上要有所创见，因为哲学家与一般人都是面对相同的世界。但为什么有些人会成为哲学家，而其他人不会呢？就是因为前者建立了一套新的哲学方法。成为哲学家的第二个条件就是，要对主要的哲学课题有其独特的见解。”

我们不一定要成为哲学家，但阅读哲学可以培养理性思辨的习惯，这种习惯正是知识分子的必备条件。因此，大众的哲学书，在这个混乱、浅薄、不理性的时代是非常必要的，只要思想多元、广大、深刻，大部分的个人挣扎与社会矛盾都可以消弭化解了。

对东西方哲学都有深入研究的傅佩荣教授，最近出版了一套“西方心灵品味”的哲学丛书，深入浅出地把西方哲学系统整理出来，并一一介绍了西方有如星辰照耀的哲学家。我读了获益匪浅，好像把脑中混乱的书架重新理清一次，感到神清气爽。我在青年时代所渴望得到的一套大众哲学的书，总算出版了，相信对喜欢哲学、喜欢思想、喜欢辨明生命真相的人，一定有很大的助力。

我时常觉得，伟大的思想者有如黑夜草原上空的星星，光芒互相交错，不只是引导在草原上行走的人，也在安慰那些向往草原的人。“西方心灵品味”丛书，正是西方草原天空中的智慧之星。

正如傅教授说的：“我不必奢望在读了柏拉图与康德之后，可以改善人际关系，或增加个人资产。我可以期许的是，让自己的心灵由平地走向高原。高原上空气较为稀薄，未必可以久居，但是视野辽阔，或许可以‘望尽天涯路’，对于人生全貌及价值层次可以作整体的了解与评估。平地没有什么不好，只是太拥挤了些，眼光不易高远，心灵难免闭塞。我们不必在高原定居，但是偶尔体会一下‘走向高原’的心路历程，也是人生一件有趣的事。”

为了让我们的心灵打开新的局面，何妨一起到草原、到高原去看星星呢？

由“西方心灵品味”丛书,使我想到中国也有许多伟大的思想、伟大的心灵、伟大的哲学家，特别是儒、释、道三个系统的思想，也如同星空照耀、彩虹横空，可惜近代研究哲学的人没有用心使它们大众化，反使得思想蒙尘、星空黯淡。

我一方面随着傅佩荣教授游访西方智者的门扉，看见慧星闪烁，一方面则不免思及中国智士的万仞宫墙，祈望研究中国哲学的人也能有系统地重新检视中国的智能灵光。

失去哲思的社会，有如鸟无巢、树无根、云无山谷，不只心灵漂浮不定，也终将失去生之意趣与活的美感呀！

不错的选择

我们往往会有不自觉的盲点，例如把意见不同的人看成坏人，甚至是仇敌；或者因为坏人与我们意见相同，我们也把他看成朋友了。因此，一个人要自由，一定要有全面的包容，一个人要自主，也一定要容忍不同的、多元的观点。

一位从尼泊尔来台湾读书的法师告诉我，他在尼泊尔和泰国修行的时候，有很多年的时间，独自住在森林的山洞里。

“单独一个人？”

“是呀。”他看我讶异的神情，忍不住笑了，“有三年的时间，我没有见过第二个人。”

在我的内心深处，非常向往那种森林里孤独的生活，但因缘似乎不可得了，因此我对眼前这位会离群索居于森林的法师，生起了十分的崇敬和一丝的好奇。

“独居于森林那么久，你觉得最大的收获是什么？”我问他。

他想了一下，说：“应该是自主和自由吧！”

关于自主，他说我们居住于城市的时候，外面有许多的纠缠和因缘，使我们大部分的时间，心都在外面，一等到有让心在里面的时间，我们的心又懒了、累了、睡觉了。因此，大部分人的心，一生都在奔驰与散乱中度过。长时间居住于深山就不同了，可以斩断一切纠缠和因缘，心自然地就住在里面了，不会奔驰与散乱，心自然就澄清了。

至于自由，人总免不了有依赖性，就像生病依赖医生一样。在深山里连医生都没有，反而不会生病了。唯有放下一切的依赖，包括物质、文明，乃至宗教，才可能得到完全的自由。

法师说："一个人的心如果不再奔驰、散乱，也不依赖，就可以出山了，住在城市与深山是没有两样的。"

法师现在住在台湾，经常处在人群之中，也开一些课程，偶尔也出来吃夜宵，但他一直维持着在森林里修行时的姿势，还有不散乱、不奔驰的眼睛。

"为什么会住在台湾呢？"我问。

他说，他会旅行世界各地，从来没有被拒绝入境，第一个拒绝他的地方是台湾，他搞不懂什么原因，就想来看看拒绝他的地方是什么样子。第二次允许入境了，发现台湾是很可爱的地方，就住下来了。

他充满智慧地说："我虽然不依赖，却不愿被拒绝。而且我发现拒绝我们的，不一定是不好的地方；拒绝我们的人，也不见得是坏人。"

他说，我们往往会有不自觉的盲点，例如把意见不同的人看成坏人，甚至是仇敌；或者因为坏人与我们意见相同，我们也把他看成朋友了。因此，一个人要自由，一定要有全面的包容，一个人要自主，也一定要容忍不同的、多元的观点。

在和法师谈话的时候，我忍不住想起刚刚落幕的选举。其实三党推出来的候选人，水平都是很好的，但为了胜选，不得不把对手贬得一无是处，甚至使追随者对对手生起仇恨的心，这就是"偏执"的结果。偏执产生了冲突，冲突成为暴力，这是此次选举最不完美的一点。

另外，凡是选举必有成败。成者是喜乐的，正如从森林出来，要担负更大的责任；败者也不那么悲哀，正如从热闹的都会走入沉静的山林，正可以沉潜，可以悠游，说不定可以创建出更广大、更包容的人格，有更好的生命境界。

大凡“政治从业者”都不免有“舍我其谁”的气概,但是一旦“舍我”之后，也会发现“江山代有才人出”，别人做不见得会像自己竞选时所批评的那么糟。

我觉得，一个社会如果有好的政治规范，或者好的政治制度，应该是“坏的人来做也不会变得太坏,好的人来做也不会变得太好”，这样才是法治，而不是人治。而好的人才，居于山也自在，住于城市也自在，不一定要如何如何。

这一次选举，不论结果如何，过程都是令人欣喜的，我们再一次感受了台湾社会的活力，再一次看见了人民的爱与热情，再不是最乱的时代。我们作了还不错的选择，这不是可喜可贺的吗?

如果下次选举，能再轻松一点，更像嘉年华会一点，就更好了。

有轻松的心，在山林或红尘，成功或者失败，都是好的。

大象与小木柱

现代人最流行“超越巅峰、追求卓越”的观念，却很少人知道巅峰与卓越不只是外在的追求，更是内心习惯的突破。

在印度或在马戏团，我们可以看到，巨大的大象只要用绳子绑在小小的柱子上，它就会乖乖站着。若它真的要动，以其巨大的身躯，不用说柱子可以连根拔起，它爱到哪儿便可到哪儿，谁也制伏不了它。

但是，大象为什么不跑呢?

原来是训练象的人，在象小的时候，用一条铁链将小象拴在水泥柱上或是钢铁柱上，小象想跑也跑不掉。

这样经过一两个月后，小象就养成习惯了！每当小象看见绳子或柱子的时候，就觉得跑不动，结果就不跑了。

这是游伯龙教授在《智慧新境》一书中说的一个故事，读了令人震动。游教授说："习惯是一种无形的力量，把我们控制在一个固定的地方。让我们仔细想想，在我们脑海里或心里面，有没有像大象看到水泥柱和铁链时那样的习惯把我们绑住了，让我们无法摆脱，也无法发挥力量？"

不久前，游伯龙教授来找我喝茶，并且和我谈论了“习惯领域”。游教授是习惯领域研究的倡导者，他对这个领域钻研已久，不仅用在学术领域，也运用在生活、企业、宗教等领域。

依游教授的说法，习惯领域是英文 Habitual Domains 译过来的，简称 HD，它的信念来自“人们用不到他天赋潜能的十分之一”。也就是说一般人只用百分之十的脑细胞，如果有一个人用了百分之十一的脑细胞，那个人将会产生无比大的威力，无往不利。

游教授说：“那时，不但可以更有智慧、更有效率地处理自己的问题，或解除别人的困难和痛苦，同时也可以保留更多宁静的时间让自己增加智慧和喜悦。”

因此，一个有创造力的人，只是突破自己习惯领域的人。

他举了几个我们熟知的例子——

“苹果落地”是一种习惯，是理所当然的，千万人见过，但只有牛顿第一次去想：“为什么苹果不往天上飞？”结果他发现了万有引力，造福了自己，也造福了社会。

“质量好的价格一定高。”千万人认为这是理所当然的道理，但福特却问：“为什么不可以物美又价廉？”结果他发明了“大量生产”与“标准化”的制造程序，带动汽车革命，不但自己成为汽车大王，也造福了社会。

证严法师看到垂危的病人因缴不出住院保证金，被拒于医院门外时，问道：“为什么医院要病人先付保证金才可以住院？”终于以她的爱心，结合了三百万人，建医院、办学校，造福众生，也使她的人生更充实。

游教授也是不断突破自己习惯的人。他毕业于台中商职，然后考上台湾大学商学系国际贸易组，但是到了美国，他却改学工程，获得约翰霍布斯大学工业工程与作业研究博士，在美国几个著名大学教过书，现任堪萨斯大学商学院杰出讲座教授，也是国际上著名的“习惯领域”学者。

多年来，游教授旅行全世界，到欧美、大陆各地讲学，并成立习惯领域学会，他说：“比较遗憾的是，十几年来不能把习惯领域的思想研究介绍到台湾，造福故乡的乡亲父老。”他离乡多年，最念念不忘的就是自己的家乡，因此从一九八六年开始，几乎年年应国科会和洪建全文经学苑的邀请回来讲学。

他的心愿不只是讲学而已，更希望能推广运用，因而出版了几本书，言辞晓畅明白，一般人都可以读，像联经出版的《行为新境界》，像洪建全出版的《智慧新境》，甚至与漫画家杨正全合作出版了《智慧乾坤袋》的漫画书。

游伯龙教授说："在学院待久了，不免有学院派的习惯，虽然想尽各种方法舍弃学院的习气，想让一般人了解习惯突破的好处，但总是做不好。"

游教授太自谦了，我读了他的几本书得益匪浅，处处流露出解惑的诚意，对于想寻求突破的现代人是很有用的。现代人最流行"超越巅峰、追求卓越"的观念，却很少人知道巅峰与卓越不只是外在的追求，更是内心习惯的突破。

当对一切习惯都能不陷入、不执着，心无质碍，那时就成为一个无位真人，大开大合、活活泼泼、元气淋漓。从商的时候无我，造福社会；从事文化的时候无我，关怀众生；生活中以大爱为爱，以大我为我，以大智慧弥天盖地，不亦快哉！

到那时，连巅峰与卓越都不能局限我们了，“花红柳绿，无不是道；通玄峰顶，满目青山”，一切习气与执着都化成一道轻烟了。

后　记

本书是著名作家林清玄先生的一本哲理散文集。林清玄是台湾作家中最高产的一位，被誉为“当代散文八大家”之一。他的作品有《莲花开落》《冷月钟笛》《白雪少年》等，写尽世间百态，诉说禅意人生。林清玄文笔优美、文思畅达，纯净如清泉，明媚似春光，一字一句都能给人以力量的感召。

用“心静如水，人淡如菊”八个字来形容林清玄是最好不过的了。林清玄的文章，清新淡雅，如缓缓流淌的细流，温润了心田；宁静致远，如浩瀚辽阔的长空，引人无限遐思。

本书中，作者用悲天悯人的情怀，抒发了对生命的理解及感悟，构建了一个和谐优美的人文社会，带给读者无尽的哲学思考及生活感悟。

品读一篇好的文章，犹如在炎热干燥的沙漠里逢着一片绿洲。林清玄的散文看似朴实无华，却在字里行间中尽显生活的真谛。细心品味你会发现，每一篇文章都充满欣喜与感动，每一段文字都让心灵更加透彻纯净。

时间流转，岁月留香，而林清玄的散文将经得起时光年轮的考验。在他的散文中，世间万物都可以幻化成指尖的音符，或激荡、或低沉、或悠扬、或平静，一切都取决于你自己心灵的视角和对生活的感悟。